武器になる経済ニュースの読み方

髙橋洋一
Yoichi Takahashi

マガジンハウス

はじめに

コロナ禍の日本経済——
ピンチをチャンスに変えるため、
「経済ニュース」を正しく読もう。

「アベノミクス」を引き継ぐ「スガノミクス」

２０２０年10月13日付で私が拝任した内閣官房参与(さんよ)は、内閣総理大臣に専門家の立場から政策立案のための情報提供やアドバイスをするのが仕事である。非常勤の一般職国家公務員だ。私は、経済・財政政策を担当する。

マスコミなどですでに「スガノミクス」と称されている第99代目となる菅義偉(すがよしひで)首相が推進していくことになる経済政策は、２０２０年９月16日の政権発足後初めての記者会見で菅首相が強調したように、安倍晋三前政権の「アベノミクス」を継承するものだ。

さて、「継承する」とはどういう意味なのか――正確にわかって報道しているニュースメディアは少ない。

一部メディアの「代わり映えがせず、二番煎じで期待できない」といった批判を真に受けている人がいるとすれば、その人は経済というものをまったくわかっていないことになる。ビジネスにおいて成功することもないだろう。

アベノミクスの「3本の矢」を覚えているだろうか。

(1) 金融緩和政策

(2) 積極財政政策

(3) 成長戦略

金融緩和政策と積極財政政策はマクロ経済政策で、成長戦略はミクロ経済政策だ。「マクロ」「ミクロ」というこの話にすでについていけない人も多いかもしれない。大丈夫である。本書では、その意味と意義が理解できるよう、基礎の基礎をしっかりと説明していく。

マクロ経済政策もミクロ経済政策も最終的には、国の生産力を示すGDP(国内総生産)を上げるとともに、雇用を確保するための政策である。

金融緩和政策、積極財政政策、成長戦略の組み合わせは世界先進国の標準、つまり先進国が必然的にとるべき経済政策の組み合わせであり、安倍前政権の専売特許ではない。アベノミクスという呼び名はたまたまに過ぎない。

国の「財政政策」は国民の生活に直結している

国が行う経済政策は、どこか自分とは関係のないところで動くものだと多くの人は考えがちだ。しかし、特別定額給付金や持続化給付金、休業支援金など、２０２０年に顕在化したコロナ禍への対策を通して、近年ほど経済政策というものを身近に感じる時代もないだろう。

「日銀が金融緩和でお金をたくさん刷ったから何なの？」などと自分とは関係のない話だと思うかもしれないが、それはやはり国民の生活に直結している。「なぜ直結するのか」「どのように関係しているのか」――それがわかっていなければ、経済ニュースを自身の仕事などに落とし込むことはできない。

そして、この本の中では、我々の実生活を左右する「日本経済」の未来も予想していくことにする。

安倍前政権はマクロ経済政策を前面に押し出していた。そして、菅首相はそれを維持したうえで、ミクロ経済政策である「成長戦略」を推進しようとしている。デジタル庁の創設や地方銀行の再編、ふるさと納税、携帯電話料金の引き下げなどの政策はその一環だ。

菅首相は「経済成長なくして、財政再建なし」として、財政再建よりも経済成長を優先する「経済主義」を表明した。これをビジネスチャンスの到来だと解釈しないビジネスパーソンがいたとしたら大問題だ。

巷にあふれる経済ニュースには無知による誤った解説や作為的なミスリーディングも多いが、少なくとも「何が起こったのか」についてはわかるようにできている。**発生した経済的事象、発表された経済政策、政治家や経済人の発言が何を意味しているのか正しく理解できれば、ビジネスの攻め時も退け時もわかる。**

そのためには、「経済とは何か」ということがわかっていなければならない。難しいことではない。ここをおさえればすべてがわかるという基礎の基礎がある。

本書にはそのエッセンスを詰め込んだ。

経済ニュースを正しく読めることほど、仕事や資産運用、そして人生においても大きな武器になるものはない。

髙橋洋一

CONTENTS

第1章 「Ｇｏ Ｔｏキャンペーン」で日本経済は復活する⁉

第2章 「経済成長」を目指さなければ、国民の生活は豊かにならない

第3章 「アベノミクス」は70点。では「スガノミクス」は……?

第5章 少子高齢化社会&人生百年時代をどう生きるべきか

最終章
内閣官房参与が大予測！ 2021年の日本経済

序章

日本政府による、「コロナショック」の経済対策は是か、非か?

「ひとり一律10万円」の給付金は正解だった!?

安倍晋三首相（当時）が、新型コロナウイルス感染拡大による「緊急事態宣言」の全国拡大に伴って「所得制限なし、ひとり一律10万円の現金給付」、いわゆる特別定額給付金の給付を公式発表したのは２０２０年４月17日のことだった。

政府はその10日前の４月７日に行われた閣議決定による緊急経済対策として、「１世帯に30万円を所得制限つきで現金給付する」ことを表明したばかりだった。まさに〝ちゃぶ台返し〟といったところだが、それ以降の経済対策にはいろいろな問題があるものの、私は特別定額給付金一律10万円の決定を評価している。

私は２０２０年３月の時点で、コロナショックへの対策として、国民ひとりあたり10万円の給付と消費税５％への減税を主張していた。「給付については、アメリカと同じように政府振出小切手を配布すればよい。消費税については、全品目５％の軽減税率を2年間限定で実施すればよい」とSNSや各メディア、テレビ番組などを通じて発信していた。

当時すでに〝アベノマスク〟と揶揄（やゆ）されていたが、「2枚のマスクの間に、政府小切手があればよかった」と『教えて！ ニュースライブ 正義のミカタ』（朝日放送テレビ）でコメントして大いにウケた覚えがある。

ちなみに私は、2020年11月25日に内閣官房参与としての立場でメディアのインタビューを受け、第3次補正予算では40兆円規模の財政支出が必要だという見解を述べている。

同月の21日には、東京で感染者数が500人を超えた。こういう事態においては、「Go To キャンペーン」などの需要喚起策の効果は期待できず、直接の給付、特に事業者に対する支援金で雇用を守ることが重要だという考え方からだ。

安倍首相（当時）は一律給付に転換した理由を、もちろんマスコミ向けの発言ではあると思うが、「すべての国民が厳しい状況に置かれている。長期戦も予想される中で、ウイルスとの闘いを乗り切るためには何よりも国民との一体感が大切だ」としていた。

また、この「一律」ということについて、その後、2020年10月27日の閣議後の記者会見で麻生太郎財務大臣が、給付金の多くは消費よりも貯蓄にまわったと見解したうえで、記者に向かって「あんたも10万円もらったわけだろ、必要もないのに、別に食うに困ってるわけじゃないんだからさ。もっと貧しい人に10万円が行っておけば、もっと全体には良かったんじゃないか」と発言したことが話題になった。

一般的に、「一体感が大切」とか、「もっと貧しい人に」といった言い方は感情論もしくは精神論などといわれる。しかし、これは必ずしも、安倍元首相や麻生財務大臣が感情論や精神論に走っているということを意味しない。

問題はむしろ、物事を理論的に考えることができない、もう少し言ってしまえば、数学的にとらえて事実を明確に把握することのできないマスコミ側、新聞やテレビなどのメディア側にある。マスコミあるいはメディア業界には文系出身者が多い。文系出身者が多いということの意味は、**「数学的・数理的発想を理解していない人が多い」**ということだ。

「数字」が理解できない、マスコミ人の罪

今回のコロナ禍で大きくクローズアップされている経済の諸問題は、数字が基本となる話である。ところが、いわゆる文系の人たちは、この「数字が基本」ということを意識できないか、または、強い苦手意識を持っている。なかには「世の中は数字で割り切れるような寂しく冷たいものではない」などと澄まし顔をしている人もいる、困ったものだ。

客観的にみればわかるとおり、**経済問題は〝数字〟で動いている。**景気の話、税金の話、雇用の話、ハイテクの話……、すべて数字が基本となる話である。ここを理解できない人がマスコミには多いから、情報をきちんと伝えるということができない。

あるいは、そういったマスコミというものの特性をよく知っているから、情報を提供する側、特に官公庁や政治家は、不安や期待といった感情に訴えやすい話、あるい

は感情を煽り立てることを目的とした数字を掲げて情報を加工する。

たとえば、財務省のウェブサイトに「日本の財政を家計にたとえると、借金はいくら？」というコーナーがある。

そこでは、「仮に、手取り月収30万円の家計にたとえると、毎月給料収入を上回る38万円の生活費を支出し、過去の借金の利息支払い分を含めて毎月17万円の新しい借金をしている状況です。現在は、こうした借金が累積して、約5，400万円のローン残高を抱えていることになっています。家計の抜本的な見直しをしなければ、子供に莫大な借金を残し、いつかは破産してしまうほどの危険な状況です」と説明されている。

後の章で改めて述べるが、まず**「国家財政を家計にたとえること自体が、ナンセンスである」**ということ。そして、**「日本政府の子会社を含めた連結のバランスシート（貸借対照表）でみれば、日本が財政破綻する確率は無視できるほどに低い」**ということが数字に弱いマスコミ人は理解できない。

「危険な状況」などといった扇情的な言葉を頼りにする以外になく、「だから財政再建のために消費税を上げなければいけない」といった情報が正しいのか誤っているのかチェックできないまま、ただただ垂れ流す。今回の新型コロナウイルスに関する情報についても同じことが起きているといえるだろう。

いちばんの問題は、一般の日本国民の多くが、そうしたマスコミに日々取り囲まれて暮らしている、ということである。情報のインプットが、そもそもあてにならない新聞や雑誌、テレビなどに限られる人が多いということだ。

だから、(これは間違った財政破綻論にとりつかれているとしかいいようがないのだが)安倍政権で首相補佐官をしていた磯崎陽輔(ようすけ)前参議院議員の「全額休業補償をすれば国は財政破綻する。それは医療崩壊へとつながる」といった内容のツイッター発言が鵜呑(うの)みにされたり、同様、間違った財政破綻論から「給付された10万円もいずれ税金として取り返される。だから使うな」といったような暴論がまかり通ったりする。

マスコミがあてにならないのなら、自分たちが自分たちの手で、チェックする力をつけなければならない。

正確にどこが間違っているか指摘できずとも、少なくとも「このニュース報道、ニュース解説は疑わしい」ということがわかるだけの力を手に入れるために、本書では次章以降、経済とは何か——という基本中の基本からまず述べていく。

同時に、コロナ禍で大ダメージを受けた「日本経済の未来」についても解説していきたい。そのためには「アベノミクス」の成果を整理し、「スガノミクス」がどうあるべきかを検証していく必要がある。

「GDP速報値」からみる、消費増税&新型コロナの影響

内閣府に「経済社会総合研究所」という機関がある。内閣府とは、政府が行うべき政策の企画立案、実施に向けた調整を補助する行政機関だ。他の省庁とは異なって、内閣の中に設置されている。

経済社会総合研究所はシンクタンクの位置づけで、経済をテーマとして調査・研究を行い、内閣に対して経済的な政策についての提言を行うのが仕事だ。2020年9月にいわゆる任命拒否問題として話題になった「日本学術会議」も、位置づけとしては経済社会総合研究所と同じく、内閣府の機関である。

この経済社会総合研究所に「国民経済計算部」という部署があり、四半期ごと、つまり1月・2月・3月といったように3ヶ月をひとまとめにして、順次、GDP速報を出している。GDPとは、Gross Domestic Productの略で、「国内総生産」と訳される。

ＧＤＰとは何か。いちばんわかりやすい覚え方は、「ＧＤＰ＝みんなの平均給与×総人口」である。

そして、ＧＤＰには「名目ＧＤＰ」と「実質ＧＤＰ」がある。

名目ＧＤＰは、「個人消費＋総輸出＋民間投資＋政府の支出」。実質ＧＤＰは、名目ＧＤＰから物価の上下変動を取り除いて計算した数値で、「正味の生産活動」という意味で〝実質〟である。

２０２０年９月８日に、経済社会総合研究所から、２０２０年４月〜６月の実質ＧＤＰの前期比の実質ＧＤＰとの比較の２次速報値が発表された。１次速報値はその四半期が終了して１ヶ月と２週間程度経った時点で発表され、２次速報値は２ヶ月と10日程度が経った時点で発表される。２次には１次に反映されていなかった統計が加味されている。

２０２０年４月〜６月は、新型コロナウイルス緊急事態宣言が全国になされた時期とほぼ重なる。正確にいえば、緊急事態宣言は４月16日に全国拡大され、５月25日に全国解除された。

２０２０年４月〜６月の実質ＧＤＰ２次速報値は「－７・９％」だった。７・９％

のマイナスということである。

ちなみに２０２０年1月〜3月は「－０・６％」だ。ＧＤＰは実は２０１９年10月〜12月の「－１・８％」からマイナスを続けていて、これは10月１日をもって消費税が10％に増税された影響である。したがって、２０２０年4月〜6月の「－７・９％」という落ち込みにも消費増税の影響が含まれていると考えてよい。

これらは結果としての数字だが、新型コロナウイルス感染の影響でＧＤＰが大幅に落ち込むことはもちろん以前から予想されていた。私は4月の時点で、ＧＤＰのマイナス幅は消費増税の影響が－４％、コロナおよびオリンピック延期の影響が－４％、合わせて－８％程度となるだろうとにらんでいた。

こうした危機にあって、政府の経済対策の責務は「ＧＤＰ低下分を埋める有効需要をつくる」ということである。そして、その「有効需要をつくる」ためにきわめて重要かつ必要なものが、給付金を含む、いわゆる〝真水（まみず）〟だ。

ニュースでよく耳にする「真水」とは何か？

実は「真水」にはきちんとした定義はない。

経済対策には、大別すれば（1）公共事業、（2）減税・給付金、（3）融資・保証があるが、一般的に「真水」とは（1）公共事業のうち事業費の2割程度である用地取得費を除いた部分と（2）減税・給付金のすべてを合算したものを指す。

直接的にＧＤＰを押し上げる効果のあるものを「真水」といい、回収を前提とした融資や保証は入らないのが普通だ。

ただし、実際の政策としては、減税したり給付金を出したりしても消費にまわらなければ短期的にはＧＤＰの創出にはつながらないし、（3）の融資・保証がなければ企業倒産につながって雇用が失われＧＤＰに悪影響を及ぼすから、すべての政策が相まって重要であることは当然である。

２０２０年３月の時点で、アメリカはまずＧＤＰの５％に相当する１００兆円規模の経済対策を打ち出していた。さらに同月21日にはホワイトハウスのラリー・クドロー米国家経済会議委員長が約２兆ドル、ＧＤＰの10％にも達する２００兆円規模の対策について言及していた。

アメリカの経済対策がＧＤＰの５％以上になるだろうことから、私は「日本でも同規模の対策が必要」と考えていた。その際には、「有効需要を短期間でつくりやすい、減税や給付金系の財政出動が効果がでやすい」と考え、メディアを通じて具体策を発信していた。

そうしたとき、４月３日、政府が現金給付の枠組みを発表した。「給付額を１世帯あたり30万円とし、生活支援を目的として対象を限定する」という対策案である。新聞やテレビは一様に「緊急経済対策に盛り込む家計への給付金総額は、３兆円規模に上（のぼ）るとみられる。リーマン・ショック後の２００９年の総額は約２兆円で、この水準を上回ることになる」と報道した。

３兆円規模に「上る」などと大事件のように伝えられたが、この額はＧＤＰのわずか０・６％程度である。

所得制限つきとしたのは、2009年、リーマン・ショック対策として実施した「ひとりあたり19～64歳で1万2千円、18歳以下と65歳以上は2万円」の定額給付金の反省を踏まえたものだという。

当時総理大臣として政権を担っていた麻生財務大臣は、新型コロナ対策の記者会見で「あれ（リーマン・ショック対策）は失敗だった。反省しているので、同じことをやったら学習効果がないじゃないか」と述べていたが、リーマン・ショック対策の効果がなかったのは給付金額が少なすぎたからである。

総額2兆円弱であれば、0・2％程度のGDP押し上げ効果しかない。失敗という意味では、当時、世界でも日本だけが金融緩和をせず、円高になった結果として外需が失われたことも大きかった。さらに、当時はこの政策が「バラマキ」と称されてマスコミの批判の対象になった。おそらくは、国民への直接交付を毛嫌いする財務省がマスコミを誘導してつくりあげたイメージである。

「1世帯30万円の所得制限つき現金給付」は4月7日に閣議決定されるが、その10日後、「所得制限なし、ひとり一律10万円の現金給付」、いわゆる特別定額給付金の給付が公式発表された。報道では、公明党の山口那津男代表が安倍首相に強く働きかけたためということになっている。とはいえ、もともと安倍首相（当時）も「ひとり一律10万円」派だった。

所得制限つきを主張していたのは財務省である。表向きは生活に困っている世帯への支援という名目を掲げていたが、所得制限をすることで予算総額を抑えられる、というのが本当の理由だ。所得制限つき一世帯30万円では4兆円の国費が必要だが、所得制限なし一律10万円であれば、その額は12兆円に増える。

「所得制限なし、ひとり一律10万円の現金給付」への転換で、令和2年度の補正予算案は組み換えられることになり、「真水」は現金給付を含め25兆円程度になった。これは、GDPの5％程度に相当する。

だから私は、「1世帯30万円の所得制限つき現金給付」から「所得制限なし、ひとり一律10万円の現金給付」への転換を評価したのである。経済は必ず数字で語られる必要がある。数字で語らない限り、経済に関する議論はナンセンスだ。

財務省や経産省など各官庁のウェブサイトには各種統計をはじめとしたさまざまな

数字が公開されている。日本政府のバランスシートは毎年公表されて掲載されているし、日銀などは10日ごとに最新のバランスシートを公開している。

各民間企業が毎年行う決算報告と同様、これらの数字には一切、ウソはない。ウソをつけば、国の信頼を揺るがす大問題となるからだ。数字は、過不足なく、常に私たちの目の前にあるのである。

無知からくる、「国債」＝「悪」という勘違い

２０２０年5月27日に閣議決定されたコロナショックにまつわる第2次補正予算は同年6月10日に衆議院を通過、12日に参議院を通過して成立した。これで２０２０年度の一般会計の歳出は１６０兆円。安倍首相（当時）が「空前絶後の規模」と表現したことはよく知られている。

１６０兆円のうち、90兆円を新規国債でまかなう。国債とは、言うまでもなく政府の借金である。「政府の借金はすでに１０００兆円を超えていて、税収を上げて返済していかなければいずれ日本の財政は破綻する」とはよく聞く話だが、ここにはごまかしがあり、日本政府のバランスシートをみれば、この借金にはまったく問題がないことがわかる。

家庭の借金は、それはないに越したことはないだろう。しかし、政府の借金は違う。

政府の借金は、企業が事業展開するためにする借金と同じである。決めた予算のうち、税収でまかなえない分について国債を発行して調達する。

それを個人の借金と同じイメージでとらえ、**「国債は借金で、悪いものだからダメ」という人がいる。しかし、実はこれは「景気が悪くなってもいい。増税されてもかまわない」と主張しているのと同じだ。**

それでも、第2次補正予算成立当時のマスコミの論調には「あまりにも予算が莫大すぎて、悪影響があるのではないか」と懸念する記事が少なからず見られた。一般の読者が、「新型コロナ禍が収束したら、10万円は直ちに返さなければいけないのでは……」と考えてしまっても仕方ないだろう。

そもそも今回の経済打撃は、消費増税からコロナショックに連なっている「空前絶後」の打撃である。その対策が「空前絶後」になるのは当然であるにもかかわらず、この期に及んで未だにバラマキだと、財務省の思惑どおりの批判を相変わらず行っているのはいかがなものだろうか。

年率換算でのGDPの累積低下を見れば、GDP比で10％以上の有効需要が必要になってくることは歴然だ。

1次補正と2次補正における、有効需要を喚起するいわゆる「真水」はGDPの7%程度なので、まだまだ足りないというのが常識的な判断であり、「借金を野放図に増やすことはいけない」という指摘は見当違いであり、正しくは「もっとバラまけ」にならなければおかしい。

また同時期には、新型コロナ対策の補正予算を《安倍「血税乱費」》と表現している記事もみられた。これもまた、経済をよくわかっていないマスコミ人の悲しいところだろう。

「血税」で組むわけではない、コロナ禍対応の補正予算

「補正予算のフレームを見ればわかるとおり、予算の原資は国債である。国債はいずれ税金で返済するのであるから、原資は〝血税〟という表現で正しい」という主張がある。

国債はいずれ政府収入で返済されるものであり、その政府収入のかなりの部分が税収で成り立っていることには同意する。ただし、補正予算の原資は血税であるという論法は「国債はすべて現金返済される」という前提に立っている。**「国債によっては現金返済されないものがある」**ということが無視されているのだ。

財務省のウェブサイトに掲載されている2次補正後の国債発行計画をみればわかるとおり、国債発行額は253兆円で、そのうち新規国債が90兆円、借換債が108兆円である。つまり、国債のうち償還期限が到来するものは償還するものの、それは借

換債を発行してまかなうということだ。個別の国債の保有者には現金償還されているものの、全体としては借り換えが行われているだけである。

日銀が保有している国債をみると、「国債によっては現金返済されないものがある」ということがさらにわかりやすい。日銀のウェブサイトに掲載されているとおり、2020年の5月末現在、日銀が保有している国債は500兆円。制度上は、令和2年特別会計予算総則第5条によって、日銀が保有している国債すべてについては日銀引受による借り換えが可能となっている。

簡単にいうと、**日銀保有国債については償還しなくてもいい**ということだ。つまり、少なくとも日銀が保有した国債については、返済されることはない。

さらにいえば、日銀が保有している国債について、政府は日銀に利払いをするが、それは日銀の収益となり、日銀納付金として政府に納付される。つまり、日銀の保有する国債について、政府は利払いをしていないのだ。

経済対策を国債でまかなうとしても、その国債を日銀が購入すれば、政府の利払い負担や償還負担はなくなる。つまり、**後世代への付けまわしにならない**のだ。

また、別の角度からの問題として、新規国債発行額の90兆円については市中消化が大変なことになる、つまり、「通貨量のバランスを崩して、ひどいインフレを起こすのではないか」という意見がある。

「お金が過剰に出まわり、モノが不足すれば、マスクやトイレットペーパーなどの買い占めが起き、物価が上昇しやすくなる。つまり経済力に余力がある層はモノを買える一方で、余裕のない人たちは物価上昇のあおりを受けて生活が厳しくなる恐れがある」というものだ。

これについては、2020年5月22日に行われた黒田東彦(はるひこ)日銀総裁の共同談話における「日銀と政府の関係は、きちんと同じ方向に向いていることがすごく大事なことだ」という麻生財務大臣の発言が重要になってくる。「政府と日銀の連合軍」ともいうべき体制ができあがっている、ということだ。

経済政策として、財政政策と金融政策の同時・一体発動が実現化する。コロナショックという戦後はじめての強烈な経済危機に対する政府の危機感を表しているものでもあろう。

政府が大量に国債を発行して財源調達を行う一方、日銀がその国債の買い入れを行

う。これによって政府が巨額の有効需要を創出して不況脱出の下支えをするという仕組みだ。

日銀は無制限に国債を購入するといっているから、新規国債の90兆円すべてを日銀が買い取ることもありえるだろう。もっとも、民間金融機関も国債は欲しいから、すべてを日銀が買い取ることはありえない。

とはいえ、「イールドカーブコントロール」つまり利回りの変化を管理する政策を維持しながら日銀が買い取るから、現在のマイナス金利は維持されるだろう。つまり、国債を発行しても金利が上がることはない。

そして、今回のコロナショックで需要およびそれに伴う供給も大きく失われたため、当面はインフレを心配する状況ではない。政府と日銀は、インフレを心配する必要なく協力できる状況にあるのである。

以上のことから、補正予算の財源は「血税」であるというのは間違いだということができる。

以前、私は補正予算の財源を「血税」と表現するのはいろいろな意味で間違いである――」という話をあるマスコミ人にしたことがある。すると、「財源が『血税』だからバフマキに怒るという、いつものパターンを否定されては困る」という答えが返ってきた。

私が「それはウソをついて煽っているということではないか」と反論すると、その人は「次のように答えた。「マスコミの読者・視聴者の認識はその程度なので、仕方がない」と……。

＊

情報を提供する側（政治家や官僚、専門家など）がマスコミを格下にみているように、マスコミもまた読者や視聴者を格下にみている。

２０２０年11月の下旬において新型コロナウイルス感染の第三波が明確になったが、医師会はこれをはっきりとしたエビデンスがない状態で「Ｇｏ ｔｏ キャンペーン」が要因だとし、テレビを中心とするマスコミは視聴率の稼ぎ時だといわんばかりにキャンペーンへの批判的な報道を盛り上げた。

日々発表される感染者数のうち、無発症者数をマスコミは掲げることはないし、いつのまにか外国人の発症者数を発表しなくなっている。第三波は、11月1日から始まった中国や韓国など11の国と地域からの入国拒否の緩和とも時期を重ねていた。

とりわけ経済に関するニュースは、直接的に利害がからむ。マスコミの無知ともあいまって、誤謬（ごびゅう）や偏向がきわめて強い分野だ。

「このニュースはどうも怪しい」という勘所を身につけるためにも、確度の高い未来予測をするためにも、次章から始まる経済の基礎の基礎をぜひ知ってほしい。

基礎ないし基本こそが武器になる。正しい理解から出てくる国民世論こそが、やはり国の政策を正しく動かす。2021年以降のコロナ禍対応にも欠かせないことだ。

第1章

「Go To キャンペーン」で日本経済は復活する!?

「経済をまわす」ことが政府の役目である

２０２０年７月、政府は新型コロナウイルス感染症対策の一環として「Ｇｏ Ｔｏ キャンペーン」を開始した。

各業界に合わせて、「Ｇｏ ｔｏ トラベル」「Ｇｏ ｔｏ イベント」「Ｇｏ ｔｏ イート」「Ｇｏ ｔｏ 商店街」などといった具合にいろいろあるのだが、その目的を経済産業省は《今回の感染症の影響により、売上等に甚大な打撃を被った観光・運輸業、飲食業、イベント・エンターテインメント事業等を対象に、感染症流行の収束状況を見極めつつ、一定期間に限定して、官民一体型の需要喚起キャンペーンを実施する》としていた。

「Ｇｏ Ｔｏ キャンペーン」は、行政上の正式名称を「需要喚起キャンペーン」という。「需要」を辞書で調べると《１．もとめること。いりよう。「人々の需要に応じる」

2．家計・企業などの経済主体が市場において購入しようとする欲求。購買力に裏づけられたものをいう。⇔供給》（小学館『大辞泉』）などと載っている。

簡単にいうと、「人々は欲しいモノがあれば買い求める。そこではお金が行き来する」ということだ。

お金が盛んに行き来している状態を「経済がまわっている」といい、お金が盛んに行き来するようにすることを「経済をまわす」という。経済がまわっている状態を一般的に「景気が良い」といい、景気を良くするのは政府の使命である。

つまり、経済をまわすのは政府の役目だ。「Ｇｏ Ｔｏ キャンペーン」は経済をまわすための政府のアイデアだった。

キャンペーン開始当時、私は「Ｇｏ Ｔｏ キャンペーン」はあまり期待できないと考え、メディアでもそう発言していた。キャンペーンから東京都を抜き、一方で小池百合子都知事が「４連休は不要不急の外出を控えて」などといっているような時期だった。

感染の大きな波が来ている最中に、「Ｇｏ Ｔｏ キャンペーン」は焼け石に水である。欲しいモノがあっても、「感染の可能性」という理由から買い求めるのを積極的に控える場合が多いからだ。休業補償をして凌ぐほうが良い、つまり「倒産の数を減らして、雇用を守る算段を立てるほうが先決」というのが私の意見だった。

すると、休業補償は予算がかかりすぎるから無理だという意見が必ず出てくる。しかし、たとえば観光業は年間20兆円産業である。1～2ヵ月の産業規模は2～3兆円レベルだ。補正予算案によれば予備費が5兆円余っているのだから、それを使えばいいということになる。

「休業補償は予算がかかりすぎて……」というのはイメージに過ぎない。経済の話は必ず数字をみなければいけない。

「Go To キャンペーン」には各業界に合わせていろいろあるのだが、各業界に合わせて、というのは行政の都合である。省庁には各業界の担当の人がいるから「Go to トラベル」や「Go to イート」といったバリエーションがあるだけだ。これを縦割り行政という。

私は、本当ならデジタル化をして、「Go To キャンペーン」のために用意した予算を直接個人に配れる仕組みがあればそちらのほうが良い、と主張していた。何を選ぶかは個人の自由で、「イート」に使うか「トラベル」に使うか、そういったことは個人に委ねるというほうがフェアである、と発言してきた。

一律10万円の特別定額給付金を配ったときに、「貯蓄にまわってしまって意味がない」という批判があったが、いつかは使うのだからいいのである。いま使う人は使えばいいし、後で使う人は貯蓄すればいい。

行政が「ここに使え」と指示するのではなく、個人個人が判断して、あとはイートやトラベルの業界が頑張ればいい。業界ごとに役所から補助金が出るよりも、消費者が持っているお金を各業界で奪い合うほうが経済は活性化する。

消費者に配分することで業者間のえこひいきもなくなり、結果として、補助金つきの消費者を業者が奪い合うこととなって、業者間の競争を促進する結果になる。こちらのほうが好ましい。

私は新型コロナウイルスの影響がよくわからなかった2020年の前半まで、「まずは、コロナ防止。次に、経済活動」と考えるべきだとしていた。コロナ防止と経済活動の両立が必要としながらもコロナ防止を優先する、という考え方だ。このため、当初の「Ｇｏ Ｔｏ キャンペーン」には過度に期待すべきでないと考えていた。

２０２０年の秋頃から、国民のマスク着用が定着するなど一定のコロナ対応ができてきた。また、日本の感染率や死亡率は世界レベルで見れば驚異的に低い。

ようやくコロナ防止と経済活動の両方を同じように扱うべき段階に変化してきたのが秋頃だった。こうした段階においては、業界別対応という方法には再考の余地があるにせよ、「Ｇｏ Ｔｏ キャンペーン」は一定の効果を生むと考えられる。

ただし、これも11月に入ってからの感染者数の数字の上昇で再検討する必要が出て、12月中頃に一時停止となった。「Ｇｏ Ｔｏ キャンペーン」が感染者を増やしたエビデンスがない中、一時停止という苦渋の決断だった。これで、感染者が抑えられればよしだし、抑えられなくても人移動の自粛というかけ声がかけられただけでも十分だろう。

「Ｇｏ Ｔｏ キャンペーン」は、コロナ禍という異常な事態の下、政府の予算で割引というサービスを用意して「需要」をつくり、コロナ禍で消費されにくくなった「供給」に応えさせることで世の中にお金を行き来させて「経済をまわす」というプランである。

そして、コロナ禍という異常な事態の下ということでなくとも、経済はこの「需要」と「供給」の話がすべてだということをまずおさえておこう。「Ｇｏ Ｔｏ キャンペーン」のような経済政策はすべて、「需要」をどうするか、「供給」をどうするかという話なのである。

「需要」とは何か——、「供給」とは何か——、ということを論理的にわかっている人は意外に少ない。

経済ニュースに接したときにまず難しい話だと感じるのは、また、政府がどうしてこのような政策をとったのか、この企業はどうしてこのような商品を発売したのか、それを読み解くことができないのは、「需要」と「供給」を明確に理解していないからである場合が多いのだ。

「経済とは何か」をシンプルに語れるようにしておく

経済を理解するのに難しい理論は必要ない。前書『正しい「未来予測」のための武器になる数学アタマのつくり方』（マガジンハウス／2019年）でも解説したが、おさらいしておこう。

経済というものの理解は、実は、たった一つの図を知っておくだけで事足りる。バッテン型をした〈需要と供給の図〉（**図表①**）である。

難しい理論をいくつも勉強するのは、時間の無駄というものだ。このバッテン型の〈需要と供給の図〉を「狭く深く」理解するほうが、はるかにメリットがある。

基本となるのは、この図の中に描かれた「需要曲線」と「供給曲線」である。「需要曲線」と「供給曲線」があるポイントで交わっているのがわかるだろう。

図表① 需要と供給の図

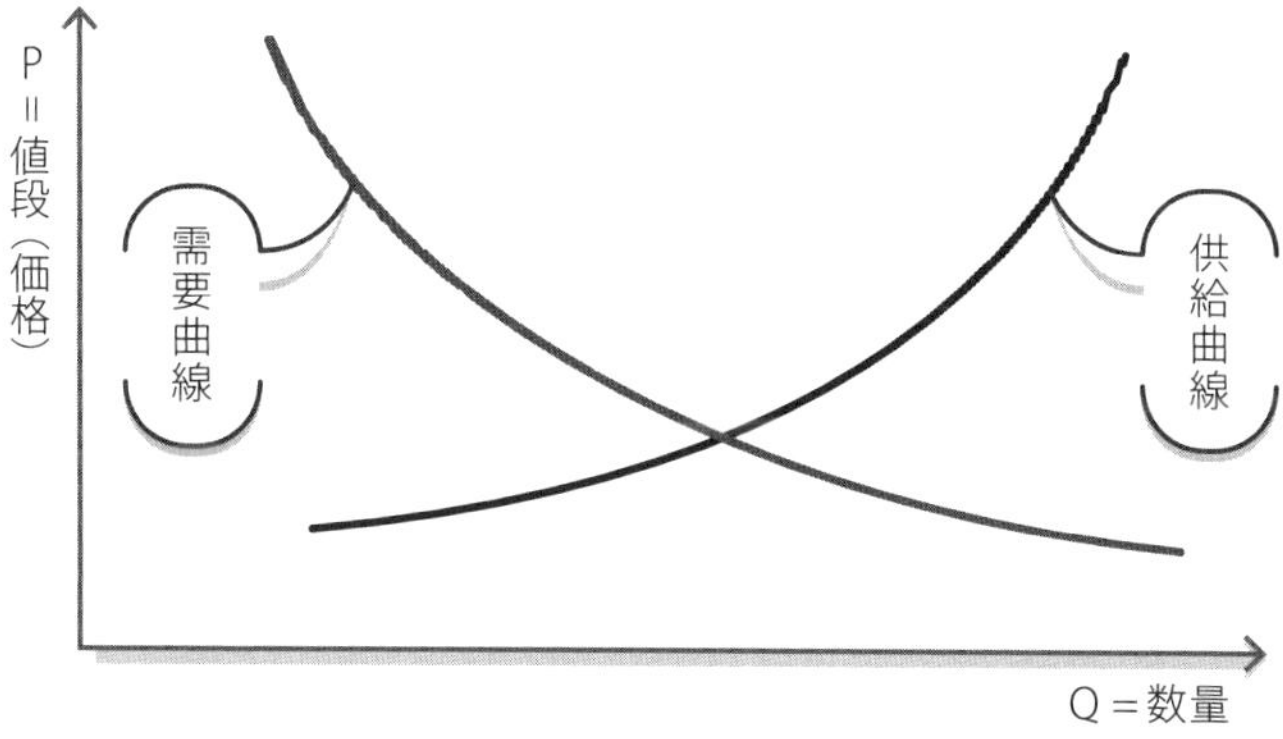

この、交わっているポイントは何を表しているのか。交わっているポイントは、「価格」を表している。「値段」ともいう。

つまり、**「需要曲線」のあり方と「供給曲線」のあり方で「価格」が決まる。**これが経済のすべてなのだ。

世の中には時と場合によって、「価格」が上がったほうがいいケースと下がったほうがいいケースがある。

価格を上げたければ、価格が上がるような「需要曲線」と「供給曲線」を描くように工夫をする。

価格を下げたければ、価格が下るような「需要曲線」と「供給曲線」を描くように工夫をする。

政府の経済政策にしても、民間の企業活動にしてもそれは変わらない。

経済を考えるとは、「需要曲線」のあり方と「供給曲線」のあり方を考える、ということである。

「需要曲線」は右下がり、「供給曲線」は右上がり

「モノが売り買いされる舞台」を「市場（マーケット）」という。そして、あらゆるモノには「市場」がある。

モノは生産者がつくる。モノを買うのが消費者である。消費者と生産者が、「いくらで売り買いしようか」と考えて集まっている場所が「市場」である。

100人の消費者が、ある商品を前にして「いくらで買うか」を考えているとしよう。値段の希望はさまざまだ。2000円、5000円、1万円いろいろある。

この様子を値段の高い順に並べると**図表②**のようになる。この（消費者の図（需要曲線））が、なぜ右下がりなのかは後で説明しよう。

一方、その商品の生産者が100人いるとする。こちらは「いくらで売るか」と考

えている側である。生産者の希望値段もさまざまだ。1万円、5000円、2000円といろいろに考える。

これを値段の低い順に並べると**図表③**のようになる。こちらの〈生産者の図（供給曲線）〉は右上がりだ。

〈消費者の図（需要曲線）〉はなぜ右下がりなのだろうか。消費者は「より安く買いたい」と考えるものだからである。もっといえば、**「値段が安いほど、より多く買いたい」から右下がりの図となる。**

消費者側の説明をしているから、これは「需要＝Demand」を示している図である。つまり、これが「需要曲線」だ。

〈生産者の図（供給曲線）〉がなぜ右上がりかというと、生産者は「より高く売りたい」と考えるものだからである。そして、**「値段が高いほど、より多く売りたい」から右上がりの図となる。**

生産者側の説明をしているから、これは「供給＝Supply」を示している図である。つまり、これが「供給曲線」だ。

図表② 消費者の図（需要曲線）

参考例：100人の消費者がある商品について
「いくらで買うか」と考えている場合

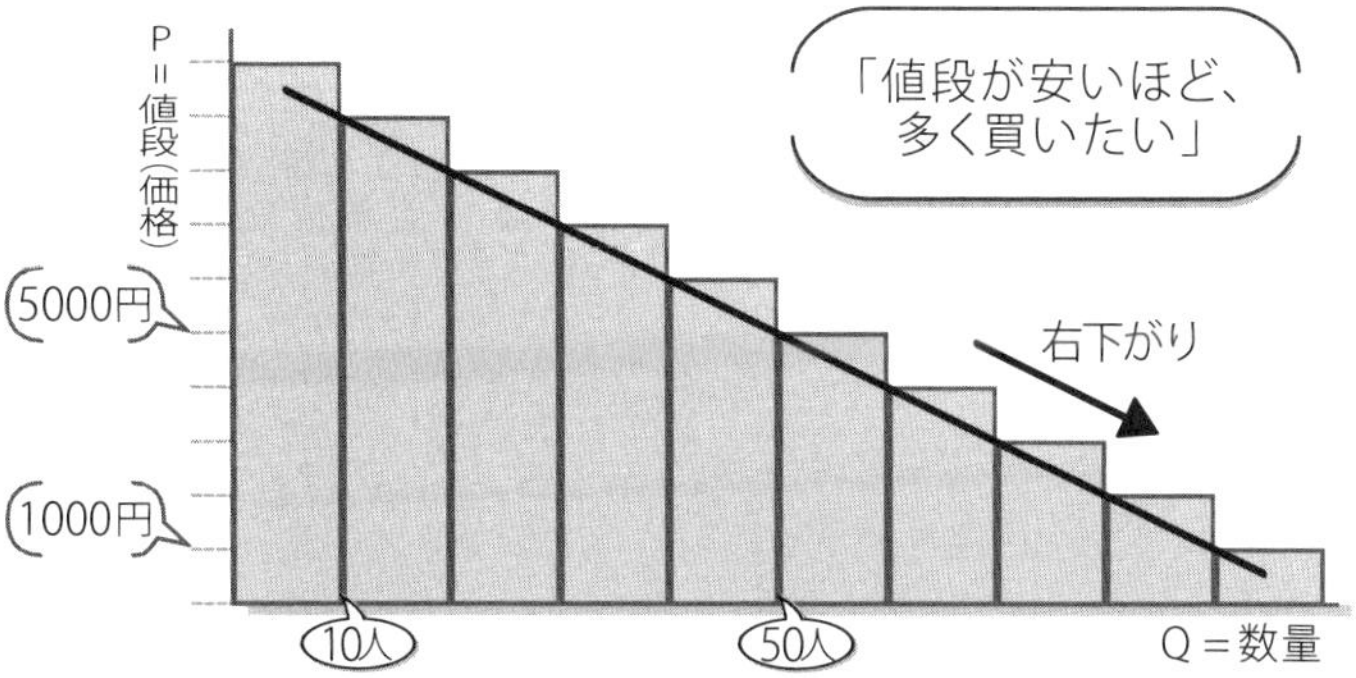

図表③ 生産者の図（供給曲線）

参考例：100人の生産者がある商品について
「いくらで売るか」と考えている場合

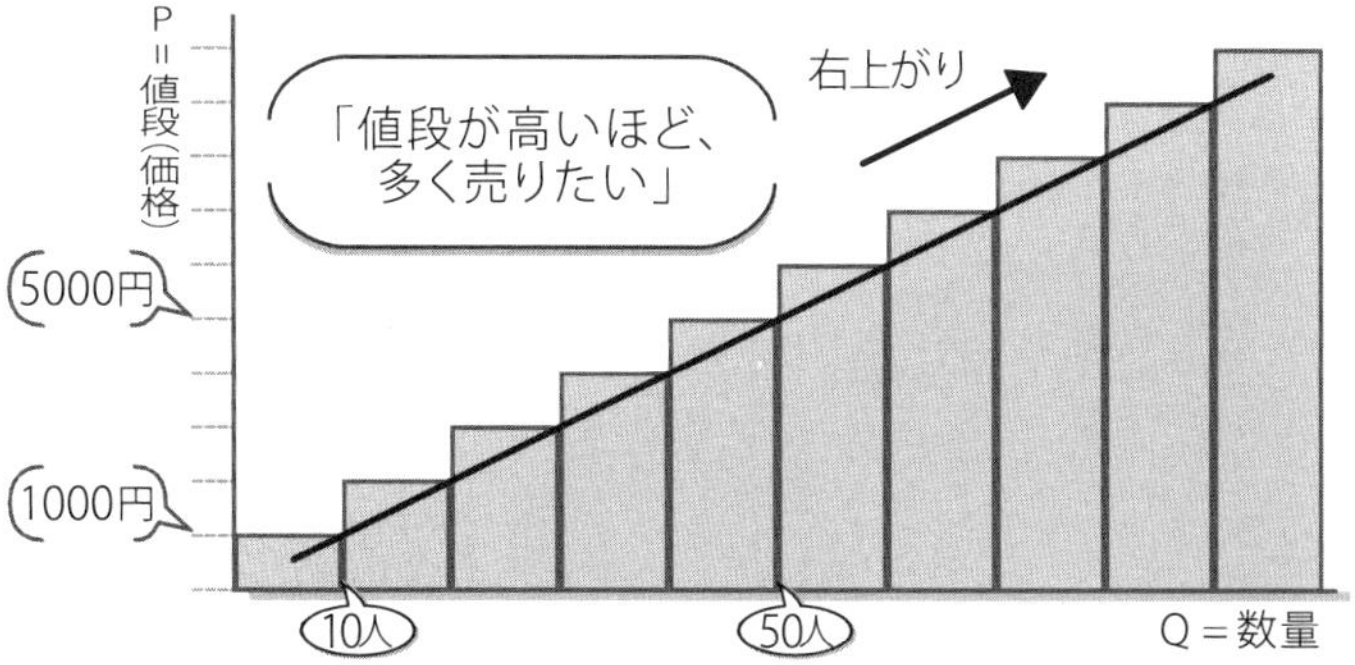

そして、〔消費者の図〕と〔生産者の図〕を重ねると、前出の〔需要と供給の図〕となる。

それぞれの図の中の用語を説明しておいたほうがいいだろう。経済ニュースが読みにくいのは、用語に慣れていないせいもある。ここは、外国語を習うようなものだと割り切って考えたほうがよい。

図の中のQ（数量 Quantity）は、「売れる個数」という意味である。図の中のPはPriceの略で「値段＝価格」だ。

消費者、つまり買い手たちにとっては、値段が低くなるほど買いたい個数（買う個数）が増える。

生産者つまり売り手たちにとっては、値段が高くなるほど売りたい個数（売る個数）が増える。

〔需要と供給の図〕は、これを表した図である。値段が低くなるほど多く買いたいし、値段が高くなるほど多く売りたい。単純すぎると思われるかもしれないが、これが経済活動のすべてなのである。

「Go To キャンペーン」で、需要と供給のバランスを正す

「需要曲線」と「供給曲線」が交わっているポイントは「価格」つまり「値段」を示している。価格の決定とは、言い方を変えれば、取引の成立ということである。〈需要と供給の図〉をあらためて見てほしい（49ページ）。売買取引がどのようなときに成立するのかがわかる。

「需要曲線」と「供給曲線」が交わっているポイントとは、消費者の「買いたい値段」と生産者の「売りたい値段」が重なったポイントのことである。つまり、このポイントにおいて消費者と生産者のマッチングが起きて売買取引は成立するのだが、ただし、このポイントの他に、マッチングのタイミングはさまざまにある。

〈消費者の図〉と〈生産者の図〉を見比べてみてほしい（53ページ）。たとえば、「1万円で買ってもいい」と消費者が考えているところに生産者が「1000円で売りた

い」といえば、すぐに取引は成立するだろう。「9000円で買ってもいい」というところに「2000円で売りたい」といっても同様だし、「8000円で買ってもいい」というところに「3000円で売りたい」といってもたちどころに取引は成立するだろう。

このようにして、消費者と生産者がそれぞれに指し示す値段の差はだんだん縮まっていき、やがて、消費者と生産者の希望がぴったりと重なるポイントにたどりつく。このポイントが〈需要と供給の図〉における、バッテンが交わっているポイントである。

このポイントを過ぎてしまうと、「より安く買いたい人」と「より高く売りたい人」がいるだけだから、取引は成立しない。

そして、「1万円で買ってもいい」と消費者が考えているところに生産者が「10000円で売りたい」といえばたちどころに取引は成立するはずだとはいっても、実際には、「1万円で買う人」と「10000円で売る人」、「8000円で買う人」と「3000円で売る人」といったようなバラバラの取引は成立しない。

価格は、より多くの消費者と、より多くの生産者が納得できる価格に落ち着いていく。その落ち着き先が、〈需要と供給の図〉のバッテンが交わっているポイントだ。

市場とは、「モノの値段を一つに定める場所」なのである。これが市場原理ということだ。モノの値段は、こうして決まっていく。適正な値段ということである。たとえば、先の「Go To キャンペーン」の原理を〈需要と供給の図〉が表していることにそって説明してみよう。

旅行にしても、飲食にしても、もちろん業者や店舗によってさまざまではあるものの、消費者を含めてみなが納得している従来からの価格というものがある。そこにコロナ禍が起こって、買い求める人が少なくなった。そこで、割引を設置して「値段が安いほど、より多く買いたい」という状態をつくって買い求める人の量を元に戻そうと政府が考える。

ただし、割引値段は、いわゆる生産者側にとっては納得できるものではない。そこで補助金を出して価格を維持し、従来からの、みなが納得している平常時の「需要曲線」と「供給曲線」のあり方を保つ。

「Go To キャンペーン」とは、コロナ禍で壊れてしまった平常時の「需要曲線」と「供給曲線」を元に戻すための経済政策なのである。

モノの値段はなぜ変動するのか

普通に暮らしていれば明らかだろうが、モノの値段は変化する。たとえばスーパーマーケットに行けば、昨日は1玉120円だったキャベツが150円になっていたりする。

雰囲気としてはなんとなくわかるだろう。欲しい人が増えたり、品薄になったりすれば値段は上がるのだろうし、出まわりすぎれば安売りが始まるのだろうという感じがする。

これを「感じ」ではなく、経済の基礎である「需要曲線」と「供給曲線」のあり方という観点で明確に考えられるかどうかが、経済センスがあるかどうかの境目である。

まず、モノの値段は「需要の変化」と「供給の変化」の2つの要因で変わるものであるということをおさえておこう。

「需要の変化」とは、「あるモノを買いたいという人の数が増えたか減ったか」ということである。

図表④「買いたい人が増えたとき」の需要曲線の変化

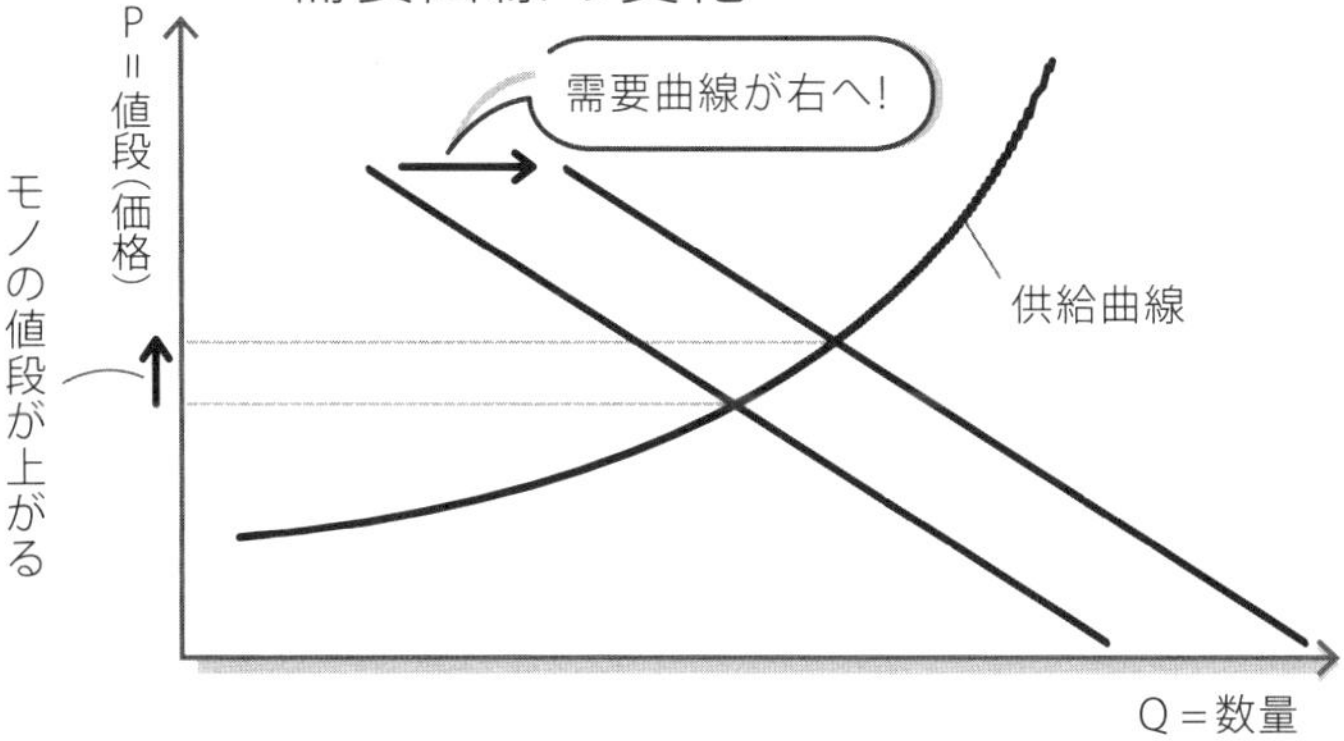

「供給の変化」とは、「生産者がつくるモノの数が増えたか減ったか」ということである。

ともに数字の話なのだ。「感じ」ではなく数量的に説明できるかどうかが大切なのである。

モノの値段の変化のことを「価格変動」という。まずは、「価格変動」を〈需要と供給の図〉で説明できるようにしよう。

まずは、「需要」の視点から見てみよう。需要が増えるとは「買いたい人の数が増える」ということである。これを〈需要と供給の図〉で説明すれば、「需要曲線が右にシフトする」ということにほかならない（**図表④**）。

これは、同じモノに対して「買いたい人の数が増える」ということを表した図である。需要曲線が右にシフトすると、供給曲線と交わるポイントが上方に移動することがわかるだろう。つまり、これが「モノの値段が上がる」ということだ。

需要が減るとは、「買いたいという人が減る」ということである。これを〈需要と供給の図〉で説明すれば、「需要曲線が左にシフトする」ということにほかならない（**図表⑤**）。

図表⑤「買いたい人が減ったとき」の需要曲線の変化

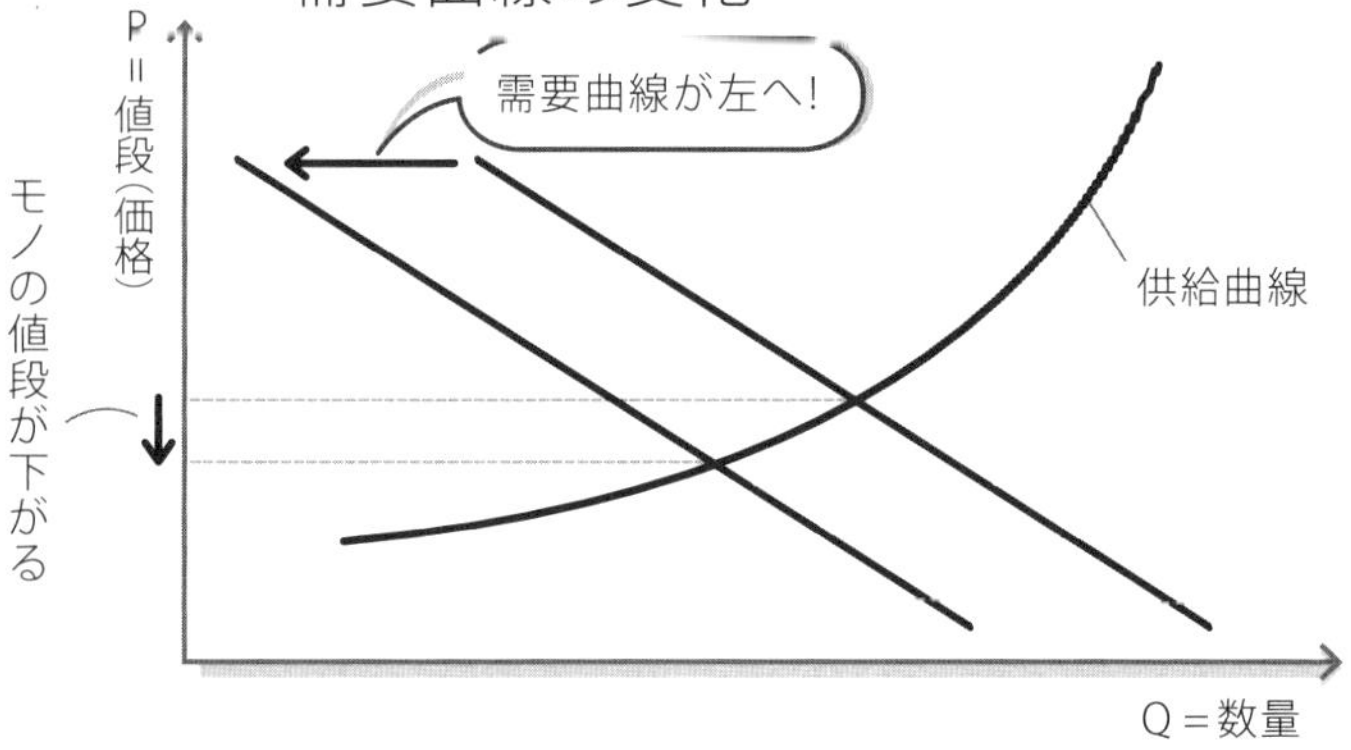

図表⑥「モノの数が増えたとき」の供給曲線の変化

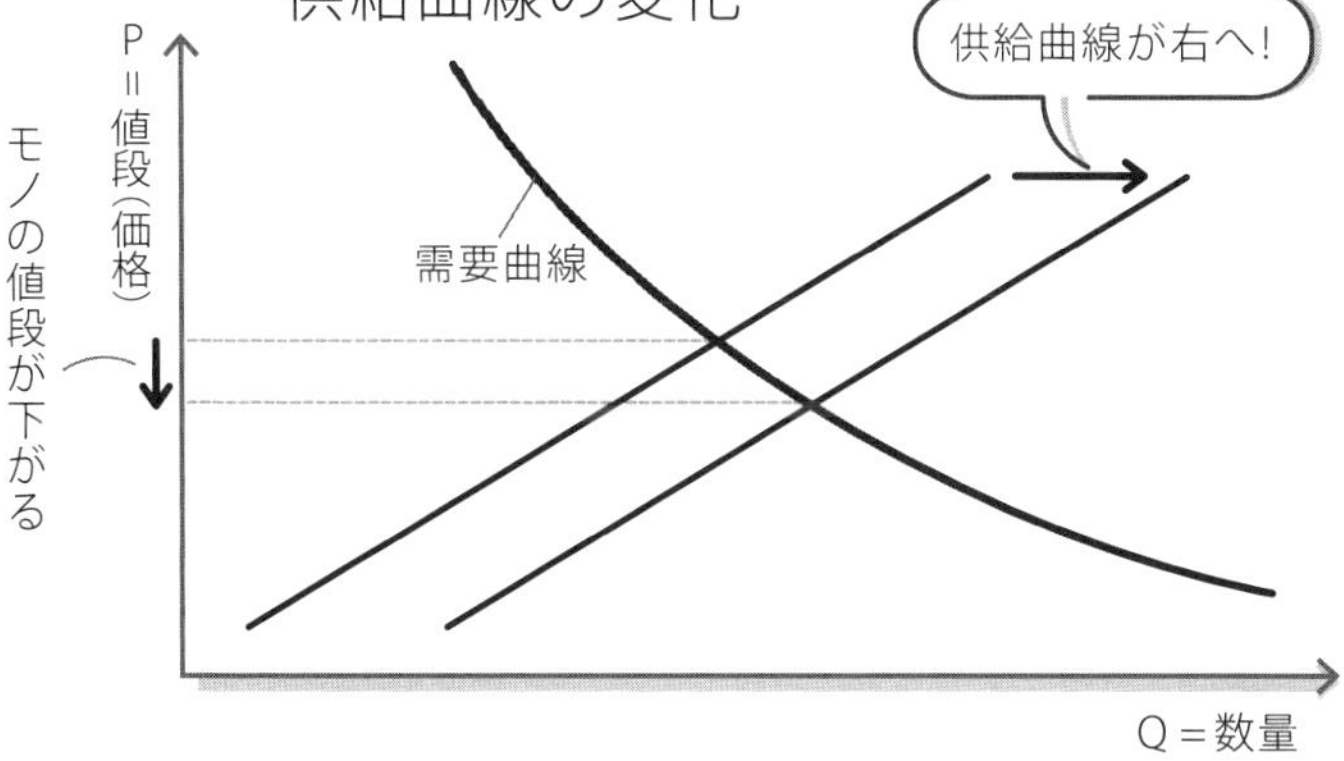

需要曲線が左にシフトすると、供給曲線と交わるポイントが下方に移動することがわかるだろう。これが「モノの値段が下がる」ということだ。

次に「供給」の視点から見てみよう。供給が増えるとは「モノの数が増える」ということである。これを〈需要と供給の図〉で説明すれば、「供給曲線が右にシフトする」ということにほかならない（**図表⑥**）。

これは、「同じ数の消費者」に対して「モノの数が増える」ということを表した図である。供給曲線が右にシフトすると、需要

図表⑦「モノの数が減ったとき」の供給曲線の変化

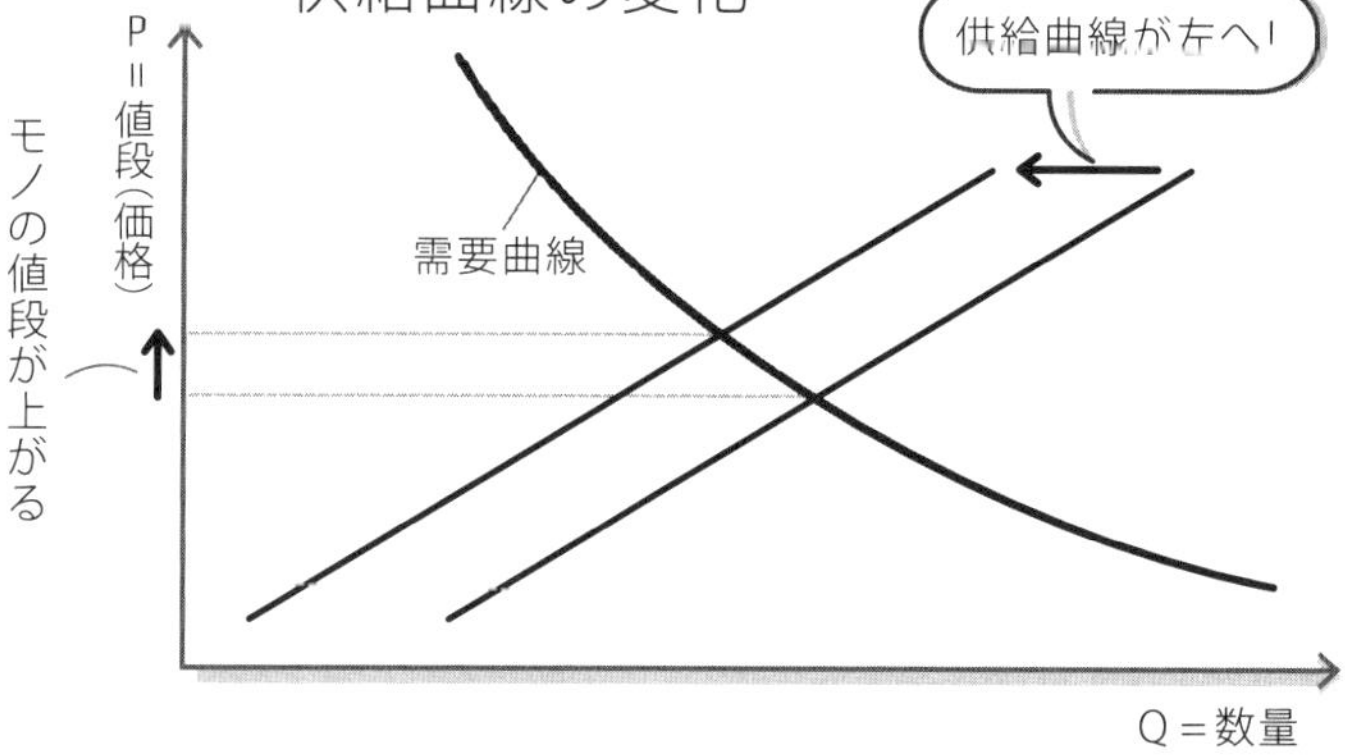

曲線と交わるポイントが下方に移動することがわかるだろう。つまり、これが「モノの値段が下がる」ということだ。

供給が減るとは、「モノの数が減る」ということである。これを〔需要と供給の図〕で説明すれば、「需要曲線が左にシフトする」ということにほかならない（**図表⑦**）。

供給曲線が左にシフトすると、需要曲線と交わるポイントが上方に移動することがわかるだろう。これが「モノの値段が上がる」ということだ。

つまり、値段が上がるにせよ下がるにせよ、結果はどちらか1つであっても、その要因には「需要の変化」と「供給の変化」

の2つがある。

そして、実際にはどちらか一方だけが変化したという極端なことはなく、「需要曲線」と「供給曲線」は、その両方が常に動いている。つまり、価格変動は、「需要が動く」「供給が動く」という2つのメカニズムが働いて起こる。

今起きている価格変動は「需要曲線」がシフトした影響なのか、「供給曲線」がシフトした影響なのか、また、シフトの大きさはそれぞれどうなのか。頭の中に常に〈需要と供給の図〉をおいて考えることが「経済を読む」ということである。

「価格弾力性」が異なる、生活必需品と嗜好品

需要曲線と供給曲線がどのような形になるかは、商品によって異なる。

中には、値段がいくらになろうとも需要量が変わらないものがある。高かろうと安かろうと消費者が買わざるをえないという商品だ。

たとえば、トイレットペーパーなどは、１００円値上がりしても、必要だから買わざるをえないということになるだろう。近頃でいえば、使い捨てマスクなども、こうした商品の内に入ってくるかもしれない。

いわゆる「生活必需品」と呼ばれる商品である。生活必需品は、「売れる数が価格に影響されにくい」という特徴を持っている。これを「**価格弾力性が低い**」という。

生活必需品は、「値段がいくらだろうと売れる量はあまり変わらない」という商品である。こうした商品の需要曲線はどうなるかというと、売れる量は一定であり価格

の動きによって変わることはないので、ひたすら垂直に近くなる。そして、需要量は限りなく一定なので、極端に左右にシフトすることは考えられない。

つまり、生活必需品の価格は、主に供給曲線のシフトによって起こるのである。いわゆる「品薄」といわれる状態を「供給曲線が左にシフトして価格が上がった」と表現するのが経済の頭である。

生活必需品とは違い、値段が上がると急激に需要が下がるものがある。生活に必要不可欠なわけではない、という商品あるいはサービスだ。これは、「嗜好品」や「贅沢品」と呼ばれる。

こうした商品は、売れる量が価格に影響されやすいという特徴を持っている。これを「**価格弾力性が高い**」という。

嗜好品あるいは贅沢品は、「値段が上がるとたちまち売れる量が減る」という商品である。こうした商品の需要曲線はどうなるかというと、価格の動きによって売れる量が大きく変わるので、ひたすら水平に近くなる。そして、需要量はいろいろな事情で変化するので、「価格の動きが読みにくい」ということもいえる。

不動産と農産物の価格が需要で決まる理由

需要によって価格が変化するのは供給量が一定だからである、ということはだいたいおわかりいただいたことと思う。そうした商品の代表が不動産と農産物である。工業製品とは違って、土地はつくって増やすということができない。高層マンションはつまり、そうしたことの解決策だが、それにしても有限である。

不動産はあらかじめ供給量が決まっている商品である。したがってその価格は人気つまり需要に大きく左右される。人気の高い街では、不動産の売買価格、また、賃貸においても値段が高くなることは当然である。そして、人気があったとしても、地盤がゆるいなどの問題が出てくれば価格は暴落したりする。

もちろん、不動産も供給が変化しないわけではない。湾岸エリアが開発されて高層マンションが林立したなどという場合には供給曲線が右にシフトする。価格がゆるむのは〔需要と供給の図〕から当然のことなのだ。

農産物は供給量が一定である、ということは少々理解しにくいかもしれない。これは、「収穫して出荷した時点で供給量がほぼ定まってしまう」という意味である。

農作物はつくるのに時間がかかる。需要が増えたからといって、いきなり増産して市場に出回る数を増やすということができにくい。工業製品のように日持ちもしない。大量につくって貯めておき、倉庫管理を行い、需要の動きを見て供給量を調節するということもできにくい。

したがって農産物は収穫して出荷した時点で供給量がほぼ定まってしまうため、何らかの理由で需要が高まれば値段は急上昇する。こうした、不動産や農産物のような供給曲線は、需要が少しでも増えれば価格が極端に上がる、垂直に近いものとなる。

需要曲線と供給曲線がどのように描かれ、どちらの変動によって価格変動が起こりやすいかは商品によって異なる、ということである。ただし、絶対にこうなる、ということはなく、的確に見極めるのは、専門家でも難しい。大まかな傾向だけ頭にいれておくだけで十分だ。経済ニュースがずいぶん読みやすくなるはずである。

切磋琢磨して、オンリーワンを目指せ

需要と供給の関係を、供給の側から見てみることにしよう。自社製品の需要曲線と供給曲線の動きをどれだけ的確に把握できるか、それが企業の成功不成功そのものである。

企業は当然、より高い値段で製品を売りたいと考えている。人気の高まり具合などを見ながら生産量と値段を決めるが、この見極めが企業の明暗を分ける。

その商品をつくっているのは1社だけ、ということがある。いわゆる独占企業というものだ。この場合は自由に値段を操作できる。出し惜しみを行い、需要が高まったところで市場に出せば、ある程度思惑どおりの値段で売れる。

しかし、世の中に流通する商品は、ほとんどが1社だけでつくっているものではない。競合他社がいくつもあるのが普通だ。

競合する各社には、それぞれの事情によって異なる生産手順というものがある。したがって、各企業の供給曲線はそれぞれに違う。つまり、「消費者と生産者の希望がピッタリ合わさるポイント」も、供給曲線が異なるのだから本当は各企業でバラバラだ。売りたい価格は異なってくる。

しかし、同じような商品は同じくらいの値段で売られている。各商品とも、極端な差はない。同種の製品なら、消費者は安いほうを買うに決まっているからである。

そのために、同種の製品をつくる企業の間では値段の均衡ということが起こる。一定の値段に落ち着き、企業はその値段に見合うように経営上の工夫を行う。

供給量を増やそうが減らそうが、価格にはほとんど影響しない、という状況となる。供給量は需要量に左右される。そして、需要が増えれば価格が上がりそうなものだが、需要が増えたとしても値段は変わらないまま供給量が増えるのである。

値段はほぼ変わらず、需要に応じて供給量が決まる状態のことを「完全競争」という。供給曲線は完全に水平となる。水平の供給曲線の上で需要曲線がシフトしたところで価格変動は起こらない。

これは、消費者にとっては悪いことではない。値段はどの企業の商品でも同じで、同じように満足できるのである。

しかし、企業からすれば販売価格があらかじめ決められているようなものだから、利益を出すためには経費を削減する以外にないということになる。「より高い値段で製品を売る」ということは、雇用の面からしても、やはり企業の使命なのだ。

差別化というテーマがここに出てくる。**「他社より秀でたものをつくれば値段を上げても売れる」**という発想だ。たとえば、スマホはスマホでも、性能の差、機能の差、イメージの差で、スマホ市場の一部分を独占することができる。アップル社のiPhone（アイフォン）が好例だろう。

独占できるということは、完全競争下の値段に合わせることも必要なく、いつ起こるかもしれない値下げ競争に巻き込まれる心配もない、ということだ。独自に値段を決めることもできる。したがって各企業は常にスローガンとしてオンリーワンを掲げるのである。

＊

需要と供給の具体例をいくつか挙げてきた。こうした具体例を数多く見ていくうちに、これはどんな需要曲線を描いているのか、どんな供給曲線を描いているのか、そうした観点でモノを見る習慣がついてくる。そして、それこそが経済を考えるということだ。

購入したいと思う商品に出会ったとき、また、身のまわりに起こる出来事についても、まずは頭の中に〔需要と供給の図〕のバッテン型を思い浮かべて考えてみることをおすすめする。

2020年12月時点で政府は「Go To キャンペーン」を2021年6月末まで延長する方針を固めている。これは、需要と供給の平常回復について民間の力に期待するということだ。

ただし、第三波の後にまた大きな波がくるようであれば、補助金や給付金のかたちで、直接国民にお金を配る必要があるだろう。

第2章

「経済成長」を目指さなければ、国民の生活は豊かにならない

新型コロナウイルスによる、「経済への大打撃」の正体

２０２０年に始まった新型コロナウイルス感染の影響、いわゆるコロナ禍は、日本の経済に大打撃を与えた。この大打撃とは何を指して大打撃と言っているのか、という話から始めよう。

日経新聞が２０２０年８月17日に「ＧＤＰ実質27・８％減、４～６月年率　戦後最大の下げ」という見出しで報じた記事の出だしは次のようなものだった。

《内閣府が17日発表した２０２０年４～６月期の国内総生産（ＧＤＰ）速報値は、物価変動の影響を除いた実質の季節調整値で１～３月期から７・８％、年率換算で27・８％減った。新型コロナウイルスの感染拡大で、リーマン・ショック後の０９年１～３月期の年率17・８％減を超える戦後最大の落ち込みとなった》

この、《１～３月期から７・８％、年率換算で27・８％減った》が大打撃の正体で

ある。「年率換算」については後で説明する。

つまり、「GDPが減る」ということが「経済に与えられた大打撃」ということなのだが、では「GDP」とは何だろうか。

GDPは「Gross Domestic Product」の略で、日本語に訳して「国内総生産」という。辞書では「ある一定期間に生み出されたモノやサービスの付加価値の合計額」などと説明されている。わかったようなわからないような説明だが、これは、「国内総生産」の内訳を見ていくとすっきりする。

国内総生産＝消費＋投資＋政府需要＋輸出－輸入

これが、「GDP（国内総生産）」のすべてだ。

人々や企業は働いてモノやサービスを生産することで報酬としてお金を得る。得たお金で「消費」したり「投資」したりする。企業が工場を建てたり機械を購入したりする設備投資も「投資」だ。

貿易会社は海外と取引して、輸出・輸入の事業を行っている。ここには「輸出」によって国内に入ってくるお金と、「輸入」によって海外に出ていくお金がある。お金が海外に出ていくから「輸入」は「－（マイナス）」とする。

そして、「政府需要」とは、公共投資をはじめとする、政府が生み出す需要によって動くお金のことだ。

つまり、消費、投資、政府需要、輸出の額をすべて足して輸入の額を引いた総額がGDPということになる。そして前述のとおり、GDPには「名目GDP」と「実質GDP」がある。

「名目GDP」と「実質GDP」を説明できるか

名目GDPとは、「消費＋投資＋政府需要＋輸出－輸入」で、単純にすべてを差し引き計算した額である。

対して、実質GDPとは、名目GDPから物価変動による影響を取り除いた額だ。

きわめて単純化して説明するとこういうことだ。1個500円の商品があるとする。1年目、1万個売れて500万円を売り上げた。2年目、材料費が上がったりなどして600円で売ることになった。ところが商品の人気は衰えず、1万1千個売れて660万円を売り上げた。この「660万円」がいわば「名目GDP」である。

そして、物価変動を考慮に入れて2年目を「1年目の価格500円×2年目の販売個数1万1千個＝550万円」などといった具合に考えるのが「実質GDP」だ。

もちろん、実際の「物価変動を考慮に入れた計算」は科学的な理論と煩雑な調査作業を伴っていてこんなに単純なものではないが、それはともかくとして、**名目GDPは額をベースとして見るその国の経済の「規模」、実質GDPは数量をベースとして見るその国の経済の「力」を知りたいときに使う数値である。**そして、経済成長率とは「力」の話だから、実質GDPの推移を見る、ということになる。

2019年の日本のGDPは名目GDPが553・8兆円、実質GDPが536兆円だった。2018年は名目GDPが546・9兆円、実質GDPが532・4兆円である。

532・4兆円に対して536兆円で、2019年の日本は前年比較で0・7%の経済成長率の中にあった。

「マクロ経済」を考えることの大切さ

先の2020年8月17日の日経新聞をもう一度、見てみよう。《内閣府が17日発表した2020年4～6月期の国内総生産（GDP）速報値は、物価変動の影響を除いた実質の季節調整値で1～3月期から7・8％、年率換算で27・8％減った》とある。

GDPの数値は四半期ごとに内閣府の経済社会総合研究所国民経済計算部が順次、速報を1次速報値、2次速報値というかたちで出している。この報道は1次速報値によるもので、2次速報では、1～3月期からが7・9％、年率換算で28・1％のマイナスに修正されている。

経済用語に弱い人は、ここでおそらく「年率換算で28・1％のマイナス」という部分にたじろいでしまうはずだ。2019年に536兆円あった実質GDPが2020年の4～6月に、コロナのおかげで3分の2近くの380兆円ほどになってしまった、日本の経済の3分の1がなくなってしまった、と読んでしまうからである。

年率換算とは、「発表時点の前期比が今後1年間変わらずに継続したとしたら、そ

の年度の経済成長率がどうなるかを試しに計算してみた」数値に過ぎない。あくまでも仮定である。

同じく日経新聞の2020年11月16日付の「日米欧GDP、コロナ前届かず　7～9月」と見出しのついた記事の出だしは次のとおりだった。

《日本の7～9月期の実質国内総生産（GDP）は前期比で年率21・4％増となった。欧米も回復したが、まだ日米欧ともコロナ拡大前を下回っている。民間予測によると10～12月期の成長率は日本が2・7％程度まで減速する。欧州はマイナス成長となる見通しで、新型コロナウイルスの感染再拡大が影を落とす。16日発表の日本の7～9月期のGDPは前期比5・0％増、年率では21・4％増と約52年ぶりの大幅増だった》

これもまた、自粛解除と政府の経済政策が功を奏するなどしてGDPが2019年よりも2割がた増えた、ということではもちろんない。

《16日発表の日本の7～9月期のGDPは前期比5・0％増、年率では21・4％増と約52年ぶりの大幅増だった》というのも、パーセントの数字だけを見れば「大幅増」なのであり、4～6月期の過去最大の下げ幅の後の「跳ね返り」である。株式相場で使われる言い回し「デッド・キャット・バウンス（dead cat bounce）」（死んだ猫でも地面にたたきつけると少し跳ねる）という状態であるに過ぎない。

経済ニュースが読める、あるいは経済ニュースに惑わされないということは、出てくる数字の意味をちゃんと知っているかどうか、ということである。右に見たように、ＧＤＰの年率換算などは３ヶ月ごとに発表されるたびにコロコロと変わるのだ。

ＧＤＰは「消費＋投資＋政府需要＋輸出－輸入」である、と先に述べた。つまり、これは社会全体の経済活動を指している。こうした、社会全体の経済活動を考えることを、「マクロ経済」を考える——という。

「ミクロ経済」と「マクロ経済」を正しく理解しよう

経済学には、ミクロ経済学とマクロ経済学の2つがある。辞書的には、ミクロ（micro）は「微視的」という意味、マクロ（macro）は「巨視的」という意味だ。ミクロ経済学の守備範囲は「自分の半径1メートル」というイメージだ。個人や一つの商品・会社・業界など個別の案件の経済について考える経済学である。経営について考えることだ、といってもいい。

経営とは、市場の中の、細分化された一産業の中の一企業の経済活動であり、具体的にいうと競合他社との競争の関係がすべてである。ライバル企業を蹴落として自社の利益を上げる、その理論や方法論がミクロ経済学だ。つまり、自分の会社と利害関係のあるところだけを見ていればよい、ということになる。

一方、社会全体の経済活動を考えるのがマクロ経済学である。それぞれの企業活動などを集計した一国全体の経済のすべてを考える、ということだ。したがってＧＤＰはマクロ経済学である。

簡単にいえば、マクロ経済学は政府が国の経済政策を考えるときに必要となる理論である。逆にいえば、マクロ経済学はビジネスには関係ない。

マクロ経済とミクロ経済の違いについては、次のように意義の違いで考えることもできる。

「努力は報われる」とよくいわれる。ミクロ経済学的にいえば、とてもいい格言である。しかしマクロ経済学的にいうと、「努力は報われない」が正しくなる。

大学受験で考えてみよう。受験生は「努力は報われる」と信じて勉強する。努力しなければ合格しないのも事実である。受験生という個人ベース、つまりミクロ経済学的にいえば、「努力は報われる」という格言はあってしかるべき真実だ。

しかし、入学できる人数は決まっている。全員が合格することはありえない。全体を見たときには、つまり「努力は報われない」のである。これがマクロ経済学的に考えるということだ。

個人の動きと全体の動きは、いつもイコールであるとは限らず、したがって、経済学では「ミクロ」と「マクロ」に分けて考える。政府は国全体の経済成長を考えるのが仕事だからマクロ経済学を必要とするのである。

「世の中全体の物価」の意味

前章で需要と供給について解説した。実はこれは、ミクロ経済学である。需要と供給の話は、専門的には「価格理論」と呼ばれる。ミクロ経済学の中核をなす理論だ。価格の仕組みを理解するのには、これ以外に必要ない。

つまり、ミクロ経済で需要と供給といった場合には、個々の商品の需要と供給である。これによって決まるのがモノの値段つまり個別物価だ。たとえば再販制度の下にある音楽CDなど、あらかじめ値段が据え置きのモノを除いて、人気の高い、つまり需要のあるモノやサービスは価格が上がるし、人気がない場合には価格が下がる。

マクロ経済では、これがすべて世の中全体の話になる。そして、需要と供給が経済のすべてであるということはマクロ経済においても変わりはない。前章で説明した、需要曲線と供給曲線がバッテン型で交わる〈需要と供給の図〉が基本である。

ただし、マクロ経済の場合には、マクロという名のとおり、需要は世の中全体の需要を足した「総需要」に、供給は世の中全体の供給を足した「総供給」になる。ちなみに、総需要は英語で「Aggregate Demand（アグリゲイト・デマンド）」、総供給は「Aggregate Supply（アグリゲイト・サプライ）」という。

そして、ミクロ経済では需要と供給が個別価格を決定するのと同様、**マクロ経済では「総需要」と「総供給」が「世の中全体の物価」を決める。この、「世の中全体の物価」のことを「一般物価」と呼ぶ。**

デフレとインフレについては次章でお話しするが、ある商品の値下げ、たとえば牛丼の値段が下がったのを取り上げて「世の中、デフレだ」と騒ぐ人がいるが、これはミクロとマクロの違いがわかっていない証拠である。

個別物価と一般物価の変動は必ずしも一致しない。一般物価は、すべての個別物価の平均値のようなものである。一般物価の動向、つまりマクロ経済の動向は、特定の商品ひとつの動向でとらえられるものではない。

もちろん、個別物価は一般物価の一部だから、一般物価が下がれば準じて下がる個別物価もあるだろう。しかし、それは「あるだろう」ということに過ぎず、個別物価が下がってもデフレだとはいえないし、個別物価が上がってもインフレとはいえない。

「総需要」と「総供給」がわかれば、世の中全体の流れがわかる

では、「総需要」および「総供給」とは何かということを見ていこう。

まず「総需要」とは世の中全体の需要ということだが、世の中全体で「実際にどれくらい需要されたか」ということで、これはすなわち「実質ＧＤＰ」を指す。次のような流れだ。

ある人が、あるモノやサービスに支払ったお金は、そのモノやサービスを供給した企業に入る。企業に入ったお金は労働者の給料になる。その企業がモノやサービスを生産したり販売したりする時に諸経費として外注先に支払ったお金も、やはりその外注先企業の労働者の給料となる。

つまり、誰かが支払ったお金は、必ずどこかで別の誰かの給料になっている、ということだ。こうした動きが世の中全体で起こっている。

したがって、**「総需要」とは、「需要者が支払ったお金の総額」であると同時に「供給者が受け取ったお金の総額」である。**実際に需要され、実際に供給された、という実質的なGDPにほかならず、つまり、これが「国の経済力」なのである。

一方、**「総供給」とは、国内の労働力や製造設備などから実際に供給できるものである。**

また、実際の総供給量にかかわらず「国全体としてこれくらいは供給できる」という最大の総供給のことを「潜在GDP」という。要するに、供給の中で最大の点が「潜在GDP」だ。

「GDPギャップ」が示すもの

「GDPギャップ」という言葉をご存じだろうか。景気判断の参考指標として用いられる指標、物価の先行きを予測したりするための指標、などと一般的には説明されている。

実際の総需要（これは総供給とも一致しており、実質GDP）を潜在GDPから引いた値を潜在GDPで割った値を「GDPギャップ」という。つまり、総需要（実質GDP）が大きいほど、GDPギャップは小さくなる。

たとえば、100供給できるポテンシャル（潜在GDP）があるとして、実際の90だけのGDP（ここでは、総需要＝総供給）とする。この場合、GDPギャップは、（潜在GDP100－GDP90）÷潜在GDP100で「0・1」、1割のGDPギャップとなる。

この場合、あと10だけ需要があれば最大の供給に見合うということだから、10の供給ポテンシャルが生かされていないということである。最大のポテンシャルではほぼすべての人が働いているから、これが意味しているのは、「労働者が余る」ということだ。また、需要に対して最大の供給に発達していないので、需要と供給の関係から一般物価には下げの圧力がかかる。

総需要が100なら、GDPギャップは0であり、これが意味しているのは、「労働者がフル稼働している」ということである。つまり、GDPギャップが0・1である場合よりも失業率は低くなる。需要と供給の関係から一般物価には上げ圧力がかかる。

ここまでのまとめは次のとおりである。

・GDPギャップの値が大きくなると失業率は上がり、物価は下がる。
・GDPギャップの値が小さくなると失業率は下がり、物価は上がる。

総需要とは実質GDP、総供給とは潜在GDPのことだ。GDPギャップは、「(潜在GDP－実質GDP)÷潜在GDP」だから、実質GDPが大きければGDPギャップの値は小さくなり、実質GDPが小さければGDPギャップの値は大きくなる。

右記のまとめを経済成長の視点で書き換えると次のようになる。

・実質ＧＤＰが上がる（経済成長率が上がる）＝ＧＤＰギャップの値が小さくなる＝失業率が下がり、物価が上がる。

・実質ＧＤＰが下がる（経済成長率が下がる）＝ＧＤＰギャップの値が大きくなる＝失業率が上がり、物価が下がる。

実質ＧＤＰ、失業率、物価は、右記のような関係にある。このように世の中全体の動きとして経済を考えるのがマクロ経済ということだ。

コロナ禍で実質ＧＤＰが下がることが問題となるのは、まずは雇用が失われる事態が発生するからだということも、ＧＤＰギャップという考え方から明らかなのである。

「実質ＧＤＰ」と「株価」の深い関係

「実質ＧＤＰが上がる」＝「失業率が下がる」＝「物価が上がる」は、マクロ経済の基本的なメカニズムだ。このメカニズムに、市場、特に株式市場は敏感に反応する。たとえば、経済成長を促進するような経済政策を政府が打ち出すと、真っ先に株価に影響が表れる。

つまり、こういうことだ。まず、金融緩和や財政出動などの経済政策は、実質ＧＤＰを上げることを目的として打ち出されるものである。

実質ＧＤＰが上がると、物価が上がり、失業率が下がる。これは、企業のビジネス活動が盛んになることを意味する。つまり、企業の株価の上昇が見込まれる。

企業が業績を上げれば、株式投資が盛んになる。株価も需要と供給の市場原理で決まるものであるから、株を買いたい人が増えれば、株価は上がる。そして、株価が上がる前に株を買っておけば、株価が上がったときに売却するなどして利ざやを稼ぐことができる。

投資家は、それを先読みするのが仕事である。経済政策が打たれると、先読みした投資家が積極的に投資を行う。経済政策に対して、比較的即座に株式市場に影響が出るのはこれが理由だ。

そして、現実的には、その後で「実質ＧＤＰが上がり、失業率が下がり、名目賃金が上がり、物価が上がり、実質賃金が上がる」という流れになっていく。

為替の世界でも同様のことが起こる。

経済政策による日本の経済成長に海外の投資家が期待を寄せて、日本に資金が集まる。相対的に円の人気が上がり、これもまた需要と供給の市場原理から円が高くなり、いわゆる「円高」となる。

実質ＧＤＰ、物価、失業率、株価、為替はすべてマクロ経済を構成している要素だが、それらがすべて因果関係で結ばれているということではない。

実質ＧＤＰが上がると物価が上がり失業率が下がる、というのは因果関係である。しかし、株価や為替の動きは単なる市場の反応であり、因果関係にあるとはいえない。

つまり、株価が上がったからといって失業率が下がるわけではないし、物価が上がるわけではない。

なぜなら、市場は、未来を予想して先取りして動くものだからだ。政府の経済政策といったような、経済に対して何かしら影響を及ぼすであろう要素が生じた場合、まず株価や為替が変動しやすいのである。これは単なる時間的順序の話に過ぎない。

「オークンの法則」でわかる、経済成長率と失業率の相関

実質GDPが上がると失業率が下がる。このことをいち早く「法則」として指摘したのは、アメリカの経済学者アーサー・オークン（1928～80年）である。オークンは1962年に「経済成長率と失業率の間には、負の相関関係がある」という法則を発表した。「オークンの法則」と呼ばれる、たいへん有名かつ重要な法則だ。**「負の相関関係」とは、「一方が上がれば、一方が下がる」ということである。**

経済が成長すれば雇用も増え失業率が下がるだろうというのはなんとなく予想がつくことでもあるだろう。しかし、それは「そんな感じがする」というだけで、〝法則〟とはいえない。

また、経済成長率と失業率をグラフにするなどして相関関係を分析するだけで負の相関関係がわかる場合もある。しかし、これだと当てはまらないケースが出てくるの

だ。これもまた〝法則〟とはいえない。

オークンは、「経済成長率と失業率」を単純に並べずに、「失業率の前年との差」を出してから分析するという手順をとった。「差」に注目するというのは、統計学の一手法である。「より純化された数値で現象をとらえる」ということだ。

オークンの法則は統計学の手法を用いた、いわゆる〝経験則〟である。各国の統計データを集めて、それぞれの経済成長率と「失業率の前年との差」の相関を求めたところ、多くの国で負の相関関係が見られた、ということである。

一国の経済成長率と失業率の間には負の相関関係がある。つまり、国が経済的に成長すればするほど、その国の失業者は減るということだ。言い方を変えると、「失業して生活できない人を減らすためには、国をあげて経済成長を続ければよい」ということである。

なぜ経済成長したほうがいいのかという質問に対して、多くの人はおそらく、国が豊かになるから、所得が増えて贅沢ができるから、と答えるだろう。しかし、それは経済成長の副産物に過ぎない。経済成長したほうがいい、というよりも経済成長が「必要」なのは、失業者を極限まで減らすことができるからだ。

国民全員が贅沢に暮らすということはほぼありえない。稼ぐ、儲けるというのは、個人の才覚にもよるし、時の運にも左右される。しかし、ほとんどの国民が最低限食うには困らずにいる、という状況およびそうした社会は、継続的な経済成長によってつくっていくことができるのである。

もちろん、経済成長によって、すべての問題を解決できるわけではない。しかしながら、経済成長しないでいる場合よりも、ある程度の問題は解決できる。経済成長は、国民すべての所得を増やすことになり、弱者を助けるための分配策においても問題解決が容易になる。

「経済成長などしなくていい」という愚かな考え

テレビ番組などでよく、「経済成長などしなくていい。環境問題や心の問題を重視したほうがいい」という意見を述べるコメンテーターがいる。そうした意見に対して「では、あなたは失業率が上がったほうがいいと考えているわけですね」と返すと、えてしてコメンテーターはポカンとしてしまう。経済というものをいかにわかっていないかの証拠である。

「今のような経済成長が始まったのはたかだか200年前のことに過ぎない。経済成長が鈍ったのはむしろ経済の正常化ということだ」という意見もよく聞く。経済成長よりも大切なことがある、低成長でもいいじゃないか、ゼロ成長は悪いことなのか、という声は、テレビのワイドショーを中心にとても多い。

これらの意見は、「失業率よ、どんどん上がれ」と言っているのと同じことだ。ここまでにお話ししてきたとおり、豊かさの減少は、失業率の増加を意味するのである。**マクロ経済学に基づく経済政策で最優先されるのは、「失業率を極限まで低くすること」、つまり、食えない人を最小限にまで減らすことである。それが国民に対する国家政府の責任だ。**

そのためには、経済成長をすることが必要であることは、オークンの法則が指し示しているとおりである。経済成長せずに失業率を減らすのは至難の技であるということもできる。

総務省の労働力調査によれば、2020年8月、完全失業率が2カ月連続で悪化し3％台にのった。失業者の増加は7カ月連続だ。実質GDPの減少は、失業率に顕著に表れる。

また、警察庁の統計によれば2020年10月の自殺者数は2158人で前年よりも約600人多かったという事実もある。自殺者の増加はここまでで4カ月連続だった。

経済成長不要論者には、環境破壊や公害問題とセットにして主張する人も多い。環境問題は確かに人類が取り組むべき1つの共通課題であることは間違いないだろう。

しかし、そのために「経済成長をストップせよ」というのは暴論である。経済成長がなくなるということは仕事がなくなるということである。国そのものがたち行かなくなり、そもそも環境問題どころではなくなる。

2020年1月、スイスのダボスで行われた世界経済フォーラムの年次総会で環境活動家として有名になったグレタ・トゥーンベリ氏が、環境と経済成長の両立を主張する先進国の環境対策を批判し、直ちに環境政策を行うべきだという内容のスピーチを行った。それに対してアメリカのムニューシン当時財務長官は、「大学で経済学を勉強してから言及すべき」と反論した。正論である。

経済成長は、国の基礎体力である。経済成長し続けてこそ、国家としての成熟がある。環境問題のような人類共通の課題に取り組むために、それは欠かせないことだ。

物価と失業率のかかわりを示す、「フィリップス曲線」

繰り返しになるが、実質ＧＤＰが上がると失業率は下がり、物価が上がる。経済成長率が上がると失業率が下がることを示したのが「オークンの法則」だった。

そして、もう１つ、知っておきたい理論がある。**物価が上がると失業率が下がる**ということを示した「フィリップス曲線」だ。ニュージーランド出身の経済学者アルバン・ウィリアム・フィリップス（１９１４年〜７５年）が１９５８年に発表した理論である。

物価の上昇は、より経済活動が活発になった結果として起こる。活発な経済活動とは、世の中のビジネスが盛んに動いているということにほかならず、仕事が増えることを意味する。「人手不足」という状態である。

したがって、物価が上がっているときには失業率が下がる。失業率と物価上昇率の関係はゆるやかな曲線で描かれる。フィリップス曲線もオークンの法則と同様、〝経験則〟である。

オークンの法則とフィリップス曲線の2つの理論を持ってくることで、経済成長率が上がり、物価上昇率が上がり、失業率が下がるということが一目瞭然となる。そして、ひとつの概念で、経済成長率、物価上昇率、失業率の関係を指し示したものが、最初に挙げた「GDPギャップ」ということになる。

GDPギャップは、オークンの法則とフィリップス曲線という別個の理論を整合的に説明する考え方なのである。

「経済成長を目指す政策」＝「失業率を減らす政策」

経済成長とはいうものの、なかなかそれを自らの生活実感として感じることは難しいかもしれない。

または、「経済成長などは自分には関係がない。経済成長とは一部の金持ちが富を独占することだ」と考えている人もいるかもしれない。経済成長不要論者の頭の中には、おそらくそんな抵抗感あるいはルサンチマンがあるのだろう。

確かに、たった一人の人間がGDPのすべてを稼いでいるのであれば、経済成長率が上がっても失業者がたくさんいる、ということになる。たった一人の人間がすべての仕事をこなして富を独占しているのだから、経済成長率と失業率の負の相関を示すオークンの法則は成立しない。

しかし、こういう状況は現実にはありえない。経済活動は社会活動であって、一人の人間がたった一人で経済活動を行うことはできない。

画期的なアイデアを思いつくのは一人の人間であるとしても、そのアイデアをすべて一人で実現していくことはできない。実現のためにはそれなりの数の人員が必要であるし、アイデアというものは社会に供給されてこそ価値となる。そのアイデアの需要者が支払う対価は、アイデアの発案者だけに行くのではない。アイデア実現のために働いた人全員に分配される。

「経済成長は一部の金持ちだけが富を独占するというのはロジカルではなくイメージに過ぎない」というと、「投資家はたった一人で儲けているではないか」という反論をする人がいるかもしれない。これもまた、マクロ経済的なものの見方ができない、ということである。

投資家は、自分の資金を投じてリターンを得る。資金を投じた先には何があるのか、ということだ。

資金を得たことによって実現する事業というものがある。右記で触れたとおり、アイデアというのは、こうしたことをもって実現化するのである。そして、事業を動かし、報酬を得る、そこで働いている人たちという存在がある。

ビジネスはこうして生まれていき、経済がまわり、経済成長率が上がり、物価が上昇し、失業率が下がる。失業者が減り、国民すべての所得が上がった結果が経済成長ということであり、そしてまた、経済成長を目指すことが、失業者を減らすとともに国民すべての所得を上げることにつながっていく。

経済成長は、社会みんなの経済活動の総和である。「世の中全体の経済について考える」、つまり「マクロ経済を考える」というのは、そういうことだ。

＊

2020年7月〜9月の日本の実質GDPは507・6兆円だった。1年前と比べると30兆円も低い。私が試算した潜在GDPからは40兆円も低い状態だった。

先に説明したとおり、潜在GDPから実質GDPを引いた値を潜在GDPで割った値をGDPギャップと言う。実質GDPが大きければGDPギャップの値は大きくなり、実質GDPが小さければGDPギャップの値は小さくなる。そして、GDPギャップの値が小さくなると失業率は上がり、物価は下がる。

新型コロナウイルス感染の第三波は、感染者数の数字だけを見ればそれまでの波よりも大きかった。ＧＤＰギャップがこのままであれば、２０２１年の初夏あたりには失業者が１２０万人程度増加する。失業者数の増加は自殺者数の増加と相関していることは経験値から明らかだ。

経済政策はこれを回避するために打たれる。経済とは何かを知っていれば、その良し悪しがわかる。つまり、本格的な経済復活の時期を読むことができる。ビジネスチャンスの動向は、経済を知っていてこそ掴（つか）めるものなのだ。

第3章

「アベノミクス」は70点。では「スガノミクス」は……？

歴代中、最も「失業率」を下げた安倍政権

　第90代、そして96、97、98代と内閣総理大臣を務めた安倍晋三氏が2020年8月28日に辞意を表明、9月16日に内閣は総辞職し、4次にわたった安倍政権が終了した。その労をねぎらわせていただきながら、安倍政権の7年8カ月を評価するとすれば、私は〝70点〟の及第点をつける。

　なぜなら、安倍政権は、歴代政権の中で最も失業率を下げ、佐藤栄作政権に次いで就業者数を増やした政権だからである。

　第二次安倍政権発足当時の2012年12月、4・3％あった失業率は2019年12月時点で2・2％に下がり、6228万人だった就業者数は6737万人に上がった（コロナ禍により、2020年3月から両数字は悪化を続け、9月時点で失業率は3・0％、就業者数は6689万人）。

　ちなみに、就業者数を増やした政権は、過去30年間、橋本龍太郎政権、小泉純一郎政権のほかには安倍政権しかない。

経済政策で最優先されるのは、「失業率を極限まで低くすること」であり、それが国民に対する政府の責任である——ということはすでに述べた。安倍政権は少なくとも歴代で最も失業率を下げた政権である。

点数を100点満点として、そのうち雇用が60点、所得が40点を満点として評価すると……、

雇用では、失業率の下限となる構造失業率2％台半ばを満点の60点とするので60点。

所得では、ＧＤＰの動向を見る。2019年10月の消費増税で消費が落ち込んだことは確かだからここは10点。

合計70点である。

「インフレ目標２％」の真意

安倍政権が取り組んだ経済政策は「アベノミクス」と呼ばれている。本書の冒頭でふれたように、その内容は（１）大胆な金融緩和、（２）機動的な財政政策、（３）成長戦略の３つだった。

金融緩和と財政政策はマクロ経済学に基づく政策、成長戦略は各業種における規制緩和などミクロ経済学に基づく政策である。経済政策の体系的な組み合わせとしては世界標準であり、２０２０年9月16日の就任後初記者会見で菅義偉首相が「アベノミクスを継承する」と述べたのは当然のことでもある。

前章で「フィリップス曲線」を取り上げた。「物価が上がると、失業率が下がる」ということを示す理論である。安倍政権は発足直後から日銀とともに、失われた20年あるいは30年といわれる長いデフレからの脱却を目指してインフレ率２％を目標とする共同声明を出していた。

インフレ（インフレーション、inflation）は、物価が上がり続ける現象のことをいう。デフレ（デフレーション、deflation）は、物価が下がり続ける現象のことだ。ともにマクロ経済用語である。したがって、たとえば牛丼一杯の値段が下がったことを指して、デフレだ、などとはいわない。

インフレ率とは「物価指数」の上昇率を指す。物価指数とは、こういうことだ。基準となる年を決めてその年の物価を100とし、それに対する上昇・下降の比率を見る。これを、「物価指数で見る」という。たとえば、500円を100とするなら600円は120。これが指数である。100から120に上がったとすれば、上昇率20％、ということだ。

一定のインフレ率を目標として経済政策を行うことを、「インフレ目標を置く」あるいは「インフレターゲットを導入する」という。

そして、安倍政権と日銀が2％としたのは、前章で解説したGDPギャップとインフレ率との関係に理由がある。

詳しい数字は内閣府ウェブサイトの月例経済報告を参照していただくとして、日本の現状を見ると、内閣府で計算された潜在GDPから算出されるGDPギャップがマイナス2％程度になると、インフレ率が2％程度になることがわかる（正直にいえば、内閣府が計算する潜在ＧＤＰはその水準がやや低めに計算されているが、それはここでの話の筋にはあまり関係ないのでふれない)。

ＧＤＰギャップがマイナス２％程度になると、失業率は２・５％程度になることも計算で出る。失業率２・５％程度に対応するのはインフレ率２％程度であり、これがインフレ目標になっているわけだ。

いずれにせよ、問題となるのは物価の変動だ。そこで、物価はどのように決まっていくのか、インフレ・デフレはどのようにして起こるのか、基礎の基礎、根本的なところを見ていこう。

〔需要と供給の図〕から考える、「インフレ」と「デフレ」

ミクロ経済とマクロ経済のおさらいをしておく。ミクロ経済で需要と供給といった場合には、個々の商品の需要と供給である。これによって決まるのがモノの値段つまり個別物価だった。

マクロ経済では、これがすべて世の中全体の話になる。しかし、需要と供給が経済のすべてであるということはマクロ経済においても変わりはなく、需要曲線と供給曲線がバッテン型で交わる需要と供給の図が基本となる。

ただし、マクロ経済の場合には、需要は世の中全体の需要を足した「総需要」（AD＝Aggregate Demand）に、供給は世の中全体の供給を足した「総供給」（AS＝Aggregate Supply）になる。

そして、**「総需要」と「総供給」が「世の中全体の物価」を決める。この、「世の中**

全体の物価」のことを「一般物価」と呼ぶ。これがマクロ経済における需要と供給だ。

総需要とは、世の中全体で「実際にどれくらい需要されたか」ということであり、「実質GDP」を指す。

総供給とは、国内の労働力や製造設備などから推計された「国全体としてこれくらいは供給できる」というポテンシャルのことで、「潜在GDP」ともいわれる。

インフレとは物価が上がる現象だ。そして、インフレには2つの起こり方がある。〈需要と供給の図〉をマクロ経済用に用語を変えた**図表⑧**を見てほしい。

物価は、総需要曲線あるいは総供給曲線のシフトの仕方によって決まる。

総需要曲線が右にシフトすれば物価が上がる。つまり、インフレになる。

または、総供給曲線が左にシフトすれば物価が上がる。こちらもインフレになる。

総需要曲線が右にシフトして起こるインフレを「ディマンド・プル（demand pull）」という。消費者マインドが「もっと買いたい」に傾き、もっとモノが売れる、つまり消費者の財布の紐（ひも）がゆるくなったことがモノの売れ行きを引っ張る、プル（pull）しているということである。

図表⑧　総需要と総供給

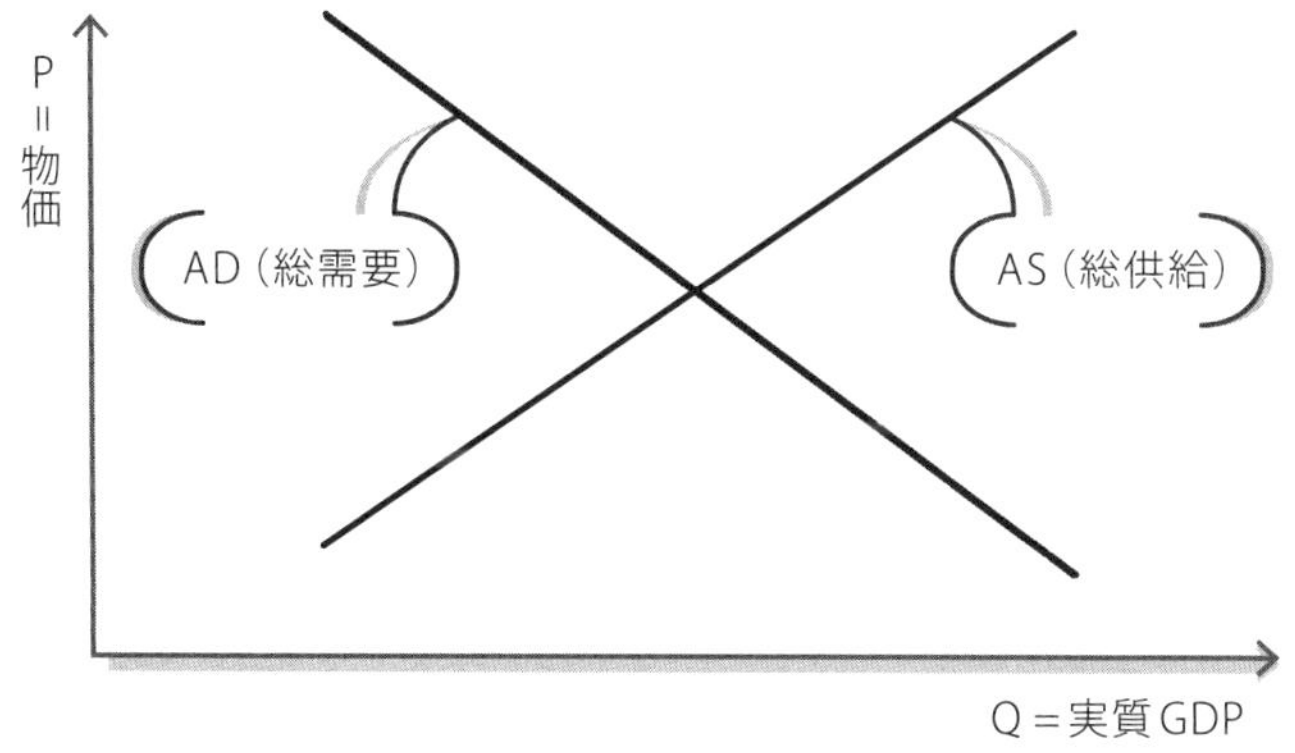

これがいわゆる「好景気」の状態だ。ディマンド・プルの場合には、Q（実質GDP）も増える。

そして、総供給曲線が左にシフトして起こるインフレを「コストプッシュ（cost-push）」という。総供給曲線の左へのシフトは、供給するためのコストが上がることによって起こる。原材料費や輸送費などが上がっているのである。費用に生産量が圧迫されているから「コストプッシュ」である。

この場合、インフレになった、つまり一般物価が上昇し続けているという現象は同じでも、Q（実質GDP）は減る。

コストプッシュのインフレを放置する

と、国民は物価高に苦しみ、メーカーはコストが高い中で商品をつくっても売れない、という最悪の状況の不景気となる。こうならないように、国はなんとかしなければいけない。

一方、これと逆のことが起こると物価が下がる。総需要曲線が左にシフトする、つまり消費者の財布の紐がかたくなると物価が下がる。あるいは総供給曲線が右にシフトしても、物価は下がる。

国は、コストプッシュのインフレによる不景気だけでなく、デフレによる不景気に対してもさまざまな対策をして景気をよくしようとする。景気をよくするということは、総需要曲線と総供給曲線を操作することにほかならない。マクロ経済の分野であり、国の仕事であって、これを「経済政策」という。

「物価」はモノに対する「お金の量」で決まる

物価は、総需要曲線あるいは総供給曲線のシフトの仕方、つまり総需要と総供給のバランスによって決まる。これは、実は、「世の中に出回っているお金の総量＝総需要」と「世の中で売られているモノの総量＝総供給」のバランスによって物価が決まる、ということである。

誰かが何かを欲しいと思っても、実際に買うことができなければ、それは需要とは言わない。需要とは、「支払い能力を伴う欲望」のことだ。

総需要には、日本全体の消費、投資、輸出入（－輸入）、政府が使うお金が含まれる。すべてお金だ。これらのお金の総量が、モノの総量に対して多くなったときにはインフレとなる。少なくなるとデフレとなるのである。

整理すると、次のようになる。

- **モノに対してお金の量が増えてモノの価値が上がった状態がインフレ**
- **モノに対してお金の量が減ってモノの価値が下がった状態がデフレ**

ただし、このバランスは常に揺れ動いている。モノに対するお金の量がどれくらいならインフレなのかデフレなのか、といったことはない。前年との比較でモノの価値が上がっていればインフレであり、下がっていればデフレなのである。

これを「貨幣数量理論」という。「物価は、モノに対するお金の量で決まる」という基本的な経済理論だ。

お金の量とは、イメージ的な言葉でもなんでもなく、まさに、世の中に出回っているお金の量、ということだ。世の中に出回るお金の量をコントロールすることで、総需要曲線は動く。だから政府と日銀がタッグを組んで、お金の量を増やすのか減らすのかという政策をとるのである。

経済学者ワルラスの「貨幣数量理論」

「物価はモノに対するお金の量で決まる」ということについてもう少し理解を深めておこう。

マクロ経済学、つまり経済を個別の事象ではなく全体でとらえる考え方の基本として「ワルラスの法則」という法則がある。19世紀フランスの経済学者レオン・ワルラス（1834年〜1910年）が提唱した法則で、貨幣数量理論を理解するには欠かせないものだ。

世の中の超過需要と超過供給の和はゼロになる。

これがワルラスの法則である。ピンとくる人は少ないと思うので、わかりやすく説明しよう。

先に断っておくが、世の中には、範囲も数も限りない市場というものがある。そこではさまざまなモノやサービスが売り買いされている。マクロ経済学では、それらを一つひとつの市場に分けて考えることをしない。すべての市場の需要と供給から経済を考えるのがマクロ経済学だが、ここではわかりやすくするために、ごくごく単純化して説明する。

まず、ａという財を生産するＡさんと、１０００円のお金を持つＢさんという人がいる。そして、世の中にはこの２人の人間とａというたった１つの財しか存在しない、とする。ちなみに「財」とは、経済用語で「人間の欲望を充足する物質的な手段あるいはサービス」のことだ。

Ｂさんは、Ａさんが生産するａが欲しいと考えている。つまり、Ａさんはａという財の「供給者」で、Ｂさんはａという財の「需要者」である。

Ａさんはａを Ｂさんに渡すにおいて、見返りを求める。Ｂさんが持っている１０００円と引き換えるかたちでａを売るということになる。このとき、財の供給者であるＡさんは、Ｂさんが持っているお金＝貨幣の「需要者」となる。ここが重要なポイントだ。

世の中には、この２人の人間と、ａというたった１つの財しか存在しない。これが意味しているのは、Ｂさんがケチってａを５００円で買うということはありえない、ということだ。５００円を手元に残しても何の使い途（みち）もなく、どうしようもないからである。

ここに、ワルラスの法則のいう「超過需要」と「超過供給」が関係してくる。

Aさんがaをたくさん生産したとしよう。Aさんはaを1つあたり1000円で売りたいが、Bさんは1000円しか持っていない。つまり、世の中には1000円しかない。

仮にaを10個つくったとすれば、合計で1万円をAさんは欲しがるだろう。ということはつまり、Bさんが持っている1000円とは別にあと9000円を欲しがるということである。

Bさんは1000円しか持っていない。つまり、世の中には1000円しかない。そこに、Aさんは売りえない9000円分のaをつくってしまった。これが9000円分の「超過供給（財の余剰）」ということである。

そして、貨幣の「需要者」であるAさんはまた、9000円を集金することができない。これが9000円分の「超過需要（貨幣の不足）」ということである。

つまり、「世の中の超過需要と超過供給の和はゼロになる」のである。

超過供給と超過需要はぴったり同じ額＝「ワルラスの法則」

Aさんとaと Bの関係が、世の中全体を見たときの経済の動きの正体である。

需要と供給がぴったりと一致することはありえない。「超過供給（余剰）」と「超過需要（不足）」が常に起こっている市場というものが世の中には数限りなく存在している。どこかの市場が超過需要なら、別のある市場では超過供給という状況にある。

別の言い方をすれば、ある市場では、超過供給のために価格が下がっている。すると、他の市場では必ず、超過需要のために価格が上がっている。

超過供給と超過需要とはぴったり同じ額であり、同額のプラスマイナス、余剰と不足の関係にある。これがワルラスの法則だ。この法則はどれだけの市場がこの世にあろうとも変わることがない。

さて、モノやサービス、株や為替など、つまりミクロ経済においては個々の価格は需要と供給の市場原理によって決まる。しかし、マクロ経済の「物価」は異なる。

物価は、簡単にいえば、世の中で売り買いされているモノの価格の平均だが、この物価の変動には「世の中に出まわっているお金の総量」が関係している。「物価」は「世の中で売り買いされているモノの量」と「世の中に出まわっているお金の量」のバランスで決まる。

もういちど、Aさんとa、そしてBさんに登場してもらおう。

Aさんがつくっているaが、いわば「世の中で売り買いされているモノ」である。aの値段が「物価」ということになる。

一方、Bさんが持っている1000円が「世の中に出まわっているお金」である。元の前提に戻れば、aが欲しいBさんがたった1つしかないaを500円で買うことはありえない。ということはつまり、もし2000円を持っていたら、Bさんは2000円でaを買うということだ。

これが、物価が上がる、ということである。世の中にあるお金が1000円から2000円に増えれば物価は上がるのである。

もし、Bさんが何かの理由で500円を失い、500円しか持っていなければ、B

さんはaを500円で買うということになる。これが、物価が下がる、ということだ。

このメカニズムが世の中全体で起こっているというのが「貨幣数量理論」である。

世の中で売り買いされているモノよりも世の中に出まわっているお金のほうが多くなっている状態を、よく「お金がダブついている」という。モノのほうが「相対的に少なくなる」から物価が上がる。これがインフレだ。

世の中に出まわっているお金よりも世の中で売り買いされているモノのほうが多くなると、モノのほうが「相対的に多くなる」から物価が下がる。これがデフレだ。

貨幣数量理論という言葉が出てきたら、以上のことを思い出してほしい。そのうえで、**貨幣数量理論とは、「モノに対してお金の量が増えてモノの価値が上がった状態がインフレ」「モノに対してお金の量が減ってモノの価値が下がった状態がデフレ」とすることだと覚えておこう。**経済ニュースがぐんと読みやすくなるはずである。

インフレとデフレの操作は国の仕事

インフレもデフレも、一定の状態を指し示すものではなく、比較のうえで成り立つものだ。バブル崩壊後にデフレに転じたというのは、バブル期に比べて世の中に出回っているお金が減り、モノの価値が相対的に下がったということである。「インフレ目標2%」というのも今と比較して未来をどうするか、という考え方である。

国の大きな仕事のひとつは、経済政策によって、インフレに傾いたらデフレに、デフレに傾いたらインフレにして、ほどよいペースの経済成長を維持する、ということである。

ちなみに、国はミクロ経済の「個別価格」については原則的に口を出さない。個別の品目については市場の競争にまかせる、というのが自由主義社会の常識である。

経済状況が悪くなったとき、政府はさまざまな対策をとる。日銀に指示して行うものを「金融政策」といい、政府自ら行うものを「財政政策」という。

金融政策とは何か、財政政策とは何かといえば、どちらにしても「総需要曲線と総供給曲線をどう動かすか」という話だ。
総需要曲線が右にシフトすれば物価が上がる。総供給曲線が左にシフトすれば物価が上がる。このメカニズムを基本にして、「インフレ」「デフレ」を操作していく。

デフレで景気が悪いというとき、国はどうすべきか。総需要曲線を右にシフトさせ、インフレ傾向に向かわせる政策をとる。具体的にいえば、財政政策としては「減税」と「財政支出」、金融政策としては「金融緩和」を行う。

総需要は、「消費＋投資＋政府需要＋輸出－輸入」だ。減税は「消費」に影響する。財布の紐がゆるくなる、ということだ。財政支出とは政府が公共投資などにお金を使うことだから、「政府需要」を上げることになる。

金融緩和とは、日銀が金利を下げたり、お金の量を増やしたりして「世の中に出まわるお金の量を増やす」ことである。これは「投資」と「輸出入」に影響する。当然、その効果は「消費」にも影響することになる。

日銀が金利を下げれば民間の金利も下がり、企業や個人がお金を借りやすくなる。するとと投資が増えることになる。

日銀がお金を増やすということは、「円」の量を増やすということである。「以前と比べてドルより円が多い状態」となって円安になる。円安になると「輸出」の量が増え、輸入量は減る。金融緩和は金利を通じて投資に、為替を通じて輸出入に影響するということになる。

つまり、財政政策と金融政策は、《総需要の「消費」「投資」「政府需要」「輸出入」の一つひとつに影響を及ぼして総需曲線を右にシフトさせる政策》だ。物価も実質GDPも上がることになる。

景気が過熱して少々冷水を浴びせたほうがいいときはこの逆を行う。つまり、「増税」「財政緊縮」「金融緊縮」を行えば、総需要曲線は左にシフトし、物価も実質GDPも下がるのだ。

「需要曲線を右か左にシフトさせる」というコンセプトだけわかっていれば、たとえば新聞などで発表された経済政策が何を目的としたものかがすぐにわかるというものである。

金融政策とは、ずばり「金利」の調整

物価はモノに対するお金の量で決まる。インフレに向かうもデフレに向かうも、お金の量は決定的な要因になる。「世の中に出まわるお金の量」をコントロールするのが、日銀が行う「金融政策」である。

金融政策を理解するために、まず「金利とは何か」を知っておこう。金利とは「お金を貸し借りする際に生じる見返り」のようなものだ。

結論から言えば、「金利が下がればお金の量は増える」し、「金利が上がればお金の量は減る」。金融政策とは、これを調整することだ。

実は、金利はお金の「価格」だということができる。したがって、ここでも〈需要と供給の図〉を使い、縦軸を金利、横軸をお金の量として描くことができる。

この需要と供給のバランスの中で金利が決まっていく。そして、お金の供給を決めることができる機関として日銀が存在するわけだ。したがって、供給曲線のシフトをコントロールすることができ、金融政策を行うことができるのである。

一般人が目にする現象としては、「金利は個々の金融機関が決めている」ということになる。しかし、たとえば銀行であれば、どこの銀行でも、金利はたいして変わらない。

なぜかといえば、日銀が決める「政策金利」が基準値となっているからだ。元をたどれば「金利は日銀が決めている」ということができる。では、政策金利とは何だろうか。

「政策金利」について知る

まず、金利には「短期金利」と「長期金利」があるということをおさえておこう。「長期金利」とは、基本的に償還期間つまり完済するまでの期間が1年以上のものの金利である。対して「短期金利」は基本的に償還期間が1年未満のものを指す。そして、この「短期金利」に、日銀ならではの特徴が加わって「政策金利」となる。次のような特徴だ。

まず、民間銀行は日銀に当座預金を持ち、そこに一定額を入れておくことが義務づけられている。これを「法定準備金」と呼ぶ。

銀行は日々取引をしているから、日銀当座預金の残高は日々変動する。時に法定準備金の額を割りそうになる。義務違反となるから、金融機関は、他の金融機関から瞬間的にお金を借りて補う。

この局面でよく使われる業界専門の金融商品がある。金融機関同士だけで資金提供できる「無担保コール翌日物」という商品だ。「今日借りて明日返す」という、償還期間がたった一日の、超短期金利がつく商品である。

日銀は、この「無担保コール翌日物」の金利を動かすのだ。日銀が動かす「政策金利」とは、この金利のことである。

実際に世の中のお金の動きを変えるのは長期金利だ。一般人が知っている金利とはこれである。設備投資や住宅ローンの金利に代表される。これらが下がることで企業や個人がお金を借りやすくなって、世の中のお金はまわり始める。

しかし、日銀は長期金利を直接動かすことはできないことになっている。超短期金利を動かすことで、派生的、間接的に長期金利を動かすという手段をとるのである。日銀は、世の中の景気を見て「政策金利」を決める。

政策金利を下げれば、民間の金融機関は他の金融機関からより安い利子で資金調達ができる。すると民間機関は、企業や個人に貸し出す際の金利を下げて融資を増やすことができる。企業や個人は融資を受けやすくなり、ローンを組んだり設備投資を行うのだ。

こうして、**政策金利を下げることで、派生的・間接的に長期金利が下がる。前より多くのお金が世の中に出まわることになる。**総需要曲線を右にシフトさせるのだ。

「量的緩和」とは「お金を貸しやすくする」施策

金利とお金の量の関係は、需要と供給の原則に当てはまる。

金利が下がればお金の量は増える。お金の量が増えれば金利は下がる。
金利が上がればお金の量は減る。お金の量が減れば金利は上がる。

つまり、金利とお金の量の関係も、〈需要と供給の図〉に当てはめることができる（**図表⑨**）。縦軸のPが「金利」、Qは「貨幣量＝世の中に出回るお金の量」、需要曲線Dは「世の中のお金の需要」だ。

図を見れば、金利が下がると貨幣量が増えることは一目瞭然である。

図表⑨　金利と貨幣量

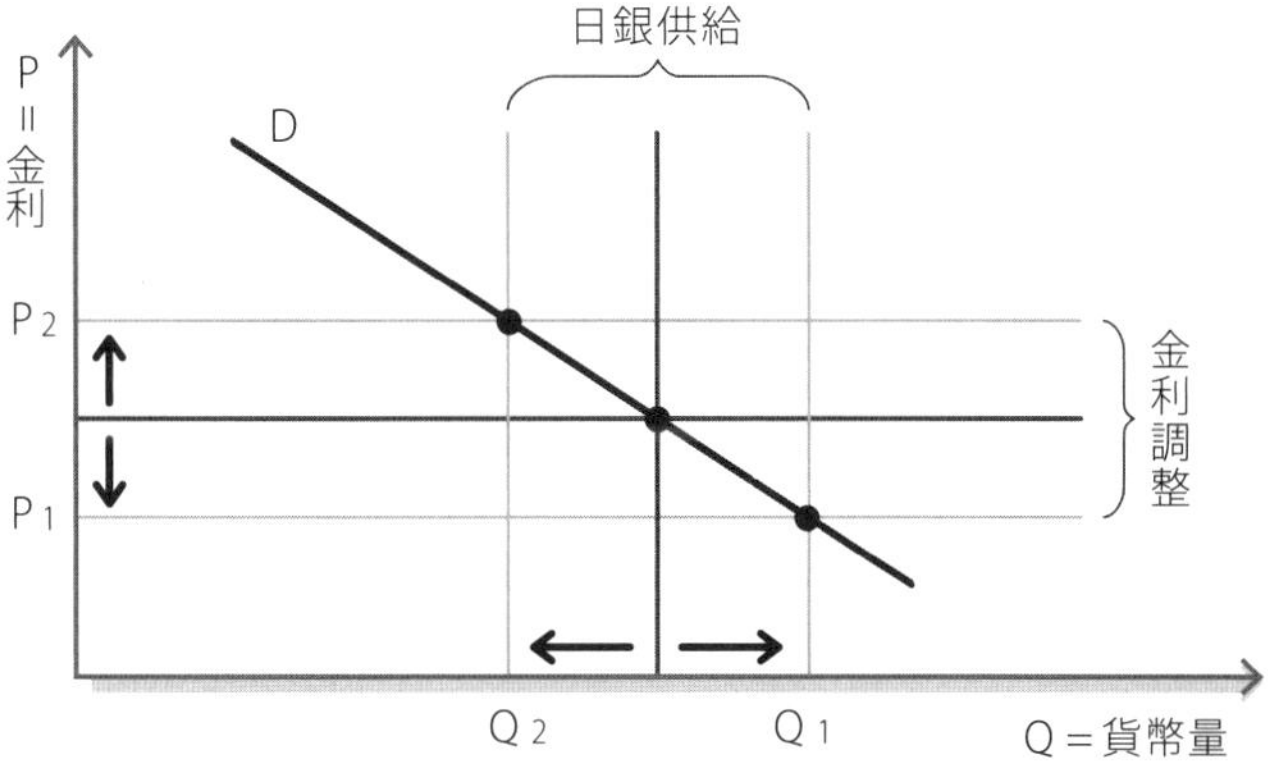

これは、きわめて簡単な話だ。金利が下がると、より多くの人がお金を借りるようになる。それだけ貨幣が必要になり、日銀はお金を刷って増やす。そういうことである。

逆に金利を上げれば、お金を借りる人が減るので、貨幣量は減るのである。

日銀は、貨幣需要を所与のものとして、金利を上下して貨幣量を動かす。つまり、金融政策の曲線は、需要曲線の上で金利が上下するだけとなるのが普通だ。

一方、貨幣供給量を動かすことで金利を動かすという方法があるのである。これを「量的緩和」という。貨幣の供給を増やして金利を下げようとする政策である。

日銀の貨幣供給量が右にシフトすれば金利が下がる。「量的緩和」を行うことで、民間金融機関の資金が潤沢になるからだ。

お金はただ持っていても何にもならない。民間金融機関は融資したいと考える。「量的緩和」とは、お金を貸したいという「供給」を増やす方法だ。

貨幣量が増えれば金利は下がる。ニュースなどが「日銀が量的緩和」と伝えていたら、「これから、金利が下がるな」と考えればよいということになる。

「名目金利」と「実質金利」の違い

さて、金利には「名目金利」と「実質金利」の2つがある。日銀が決める政策金利は名目金利である。一般人がローン計算書などで見る金利も名目金利である。額面の利子のことだ。

この名目金利に対して、「物価上昇率（インフレ率）」を考慮したものが実質金利である。金融政策において重要なのは「実質金利」だ。価値の変動を加味しているから「実質」である。

たとえば「100円に対して1％の利子」といった場合、その100円の価値が変われば利子の価値も変わる。物価が上がっていれば、利子たる1円で買えたものが今は買えなくなっているかもしれない。

実質金利とは、「名目金利－インフレ率（予想インフレ率）」である。たとえば、次の例を見てみよう。

例①　名目金利は2%、インフレ率は1%→実質金利は2−1＝1%

例②　名目金利は1%、インフレ率はマイナス0・5%（デフレ状態）→実質金利は1−（−0・5%）＝1・5%

例③　名目金利は0%、インフレ率は2%→実質金利は0−2＝マイナス2%

実質金利はインフレ率、つまり物価の動向によって左右される。額面の名目金利が2%でも実質的には1%になる場合もあるし、デフレ状態なら名目金利よりも実質的には高い利子となる場合もある。インフレ率が高ければ、マイナスの金利、つまり「借りているほうが得」という状況も生まれるのである。

また「予想インフレ率」とは、インフレ率を予想して当てる、ということではない。インフレになるという「予想」が世の中に広がる際のインフレ率のことである。デフレによる不景気においては、金利を下げることが景気回復のカギとなる。そこで重要になるのが、実質金利を下げてくれる「予想インフレ率の高さ」だ。

予想インフレ率を高くすれば実質金利は下がって景気回復につながる。では、予想インフレ率はどうすれば上がるのだろうか。

「インフレターゲット」と「予想インフレ率」

日銀が将来の目標インフレ率を掲げることを「インフレターゲット」という。「2年後には2％のインフレにします」などと宣言する。

もちろん日銀は目標を掲げるだけではなく、目的達成のための政策をとる。「量的緩和」だ。量的緩和を行って、民間金融機関の日銀当座預金の残高を増やす。

量的緩和で資金が潤沢になった民間金融機関は、金利を下げて企業や個人に盛んに貸し出す。世の中に出まわるお金の量が増えれば、モノに対するお金の量が増えてモノの価値が上がる、つまりインフレになるという予想が世の中に広がり、ここに「予想インフレ率」が算出される。

「量的緩和」は、日銀当座預金を増やすことで「これからインフレになる」という期待を世の中につくり出す政策だ。その結果、名目金利が変わらなくても、予想インフレ率が高まるので、実質金利が引き下げられる。

量的緩和という政策は、日本では2001年に初めてとられた。いわゆる「非伝統的政策」である。

政策金利の引き下げや、民間の金融機関から国債を買って日銀当座預金残高を増やす買いオペレーションなどで景気対策を図ることを「伝統的政策」という。しかし、2001年当時の日本は、この伝統的政策が効果を発揮しないほど経済が悪化していた。

政策金利をゼロ近くまで下げていたにもかかわらず、デフレが進行し続けた。実質金利は政策金利からインフレ率（予想インフレ率）を引いたものである。ゼロ金利下でデフレが進むという事態だった。実質金利を下げる手立てはなくなったも同然である。政策金利をゼロ%としたところで、インフレ率がマイナス4%なら、実質金利は4%になってしまう。

量的緩和は効果が期待されたものの2006年に解除された。あらためてインフレターゲットと量的緩和策がとられたのは2012年。これが、いわゆるアベノミクスの3本の矢の1本目、「大胆な金融政策」だった。

量的緩和は、民間金融機関の日銀当座預金残高を増やすという、「金融緩和」の一手法である。予想インフレ率を高くすることで実質金利を引き下げる効果がある。

テレビや新聞の経済解説で「金融緩和には限界がある」という説をよく聞く。当然のことだが名目金利はゼロ以下にまでは下げられないから、ゼロにまで下げた時点でそれ以上の効果は出せない、という意見である。

しかし、**名目金利はゼロ以下にはできなくとも、量的緩和でお金の総額を増やし、予想インフレ率を高くすることはできる。実質金利を予想インフレ率でコントロールすることは可能なのだ。**

ここまで読んで、名目金利たる政策金利も予想インフレ率も日銀が決めている、ということに気がついた人はさすがである。つまり、実質金利も日銀が決めているといっても過言ではない。日銀の役割はそれほどに大きい、ということなのだ。

「財政政策」のメリットとデメリット

財政政策とは、「政府がどれくらいお金を使うかを決める」ということである。支出を拡大することを「財政出動」といい、支出を縮小することを「緊縮財政」という。

ここでももちろん経済の基本（需要と供給の図）が当てはまり、「財政出動」をすれば総需要曲線は右にシフトし、「緊縮財政」を行えば左にシフトする。つまり、財政出動をすれば物価が上がり、緊縮財政を行えば物価は下がる、ということだ。

政府がみずから投資などを行うことは、一般消費者がモノを買うのと同じことである。したがって財政出動はダイレクトに総需要を動かす。

ただし、政府が財政出動をし過ぎると、民間の活動が抑制されることになる。その結果、民間需要が減って総需要が右にシフトしなかった、ということも起こりうる。

なぜ民間の活動が抑制されることになるのだろうか。政府が財政出動を行って政府需要を増やそうというときには、民間からお金をとってくるしかないからだ。つまり、「増税するか、新規国債を発行するかのいずれか。または、両方」しかない。

増税が民間需要を圧迫するのは生活実感としても明らかではないだろうか。税金としてとられれば、使えるお金は減る。これが日本全体に起こる。総需要曲線は左にシフトして物価も実質ＧＤＰも下がる。

新規国債発行が民間需要を圧迫するのはなぜだろうか。国債を大量に発行するということで国債価格が下がる。すると、国債の「利まわり」が上昇し、民間の貸出金利も上がるからである。

金融市場はすべて連動している。日銀と国にかかわる金利は、すべて民間金融機関の金利に影響する。民間の金融機関の金利は、国債の利まわりに影響される。

金利が上がれば企業や個人はお金を借りにくくなり、民間の経済活動は抑えられてしまう。国債の発行がめぐりめぐって民間需要を圧迫してしまう現象を「クラウディング・アウト（crowding out）」と呼ぶ。

さらにいえば、日本国債の利まわりが上がれば、買いたいという海外投資家が増える。つまり「円買い」が増え、円の需要が高まって「円高」になる。円高は輸出を抑えるから、民間需要が圧迫されることになる。

財政出動を行うべきかそうでないかは民間の経済活動の状況による。しかし、もちろん、今回のコロナ禍のような異常時には、給付金、補助金のかたちでダイレクトに真水を支出しなければならない場合もある。

原則として、財政出動については「政府は、民間の経済活動に及ぼす影響まで考えて決定を下す必要がある」ということだ。民間がお金を使うのと政府がお金を使うのとどちらが上手か、という話である。これは、疑いなく、民間だろう。

民間企業は死活問題としてお金を使う。それだけ情報に敏感であり発想も多様だ。政府は、お金を使うために使う場合が多く、的はずれな投資を平気で行うこともある。公共投資に「無駄遣い」の批判がついてまわるのはこれが理由だということを知っておこう。

増税でお金を民間から政府に召し上げ、政府からまた民間へお金をまわしていこうという発想は、ある意味でバカバカしい。それはまた、民間が賢く使おうと思っていたお金を、お金の使い方がよくわからない政府が、よくわからない使い方をするために取り上げるという話でもある。

民間がにっちもさっちもいかなくなったとき、つまり、民間がお金を使うのを躊躇

しているときの財政出動である限り、総需要を上げることができる。

今回のコロナ対策はこれに該当する。民間を苦しめる増税は、しないに越したことはない。

＊

2020年12月3日、NTTドコモが月間データ容量20GBを月額2、980円（税別）で提供する料金プランを発表した。それまでの最低料金プランが月額6、150円だったから大幅な値下げである。

これは、「スガノミクス」の成長戦略に民間が応えたものといっていいだろう。菅首相は官房長官時代から携帯電話料金のあり方について意見を述べてきた。首相の、特に経済に関する言及は現実社会にビビッドに反映するということのいい例だ。

スガノミクスがアベノミクスと違っているのは、菅首相がミクロ経済である成長戦略を強調しているところだ。とはいえ、それはアピールということであって、スガノミクスはアベノミクスと同様、マクロ経済である金融政策と財政政策も果敢に行っていくはずである。

安倍前政権は国際標準の経済政策をちゃんと理解したうえで行った歴代で初めての政権だった。それを継承するといっているスガノミクスには大いに期待したい。

第4章

不況下の「消費増税」は、百害あって一利なし

ヨーロッパ諸国の消費税はなぜ高いのか

安倍政権下では「消費税」が2度、引き上げられた。

2012年9月の自民党総裁選の際には消費税を上げる前にデフレを解消するといっていた安倍首相（当時）だったが、2014年4月、法律になったものを無視することはできず、消費税は5％から8％に引き上げられた。そして翌年2015年10月に予定されていた10％の引き上げは1年半先送りされ、2017年の増税予定も2年半先送りされ、2019年10月、消費税は10％となった。

最初に断っておきたいが、消費税自体はたいへんよくできている税制度である。もともとは1950年代にフランスの財務省が考え出した仕組みで、「脱税しにくい」「徴税コストが安い」「所得税と比較して景気に左右されにくい」などの利点がある。

ヨーロッパは比較的消費税の高い地域として知られている。2020年12月現在で世界一消費税が高い国はハンガリーで27％、イタリアは22％、本家本元のフランスは20％、ドイツは19％である。日本の10％は韓国と並んで38位に位置する。

ちなみにアメリカに消費税はない。消費税に似た税金として「小売売上税」（Sales Tax）があるが、全国一律税率ではなく、州、さらには郡や市で税率が異なる。

テレビ番組などで、「日本もヨーロッパ並みの税率にする必要がある」というコメンテーターの声をよく聞く。借金まみれの財政再建のためには増税が必要だという理屈だが、そこにある誤解と作為については最終章で触れることとして、ヨーロッパにおいては消費税が確立している歴史的背景が違う。

フランスをはじめヨーロッパの国々では人の移動が激しい。こうした環境においては、所得税などの直接税については徴収漏れという問題が大きくなる。これが、消費に対して税金をかける消費税が発明されたいちばんの理由だ。

かたやアメリカは国土が広いことから簡単に国外へは逃げられず、どの州へ逃げたところで追いかけていって直接税を徴収することができるという事情があり、直接税が中心となっている。

日本の場合、戦後の税制はGHQ占領時代の1949年、アメリカが派遣した日本税制使節団（シャウプ使節団）の勧告（シャウプ勧告）によって整備された。日本の税制度は直接税中心の国であるアメリカの意向を受けている。

消費増税を主張する人々の中には「福祉のためにヨーロッパは高い消費税をかけている」という人もいるが、これも誤解に基づく。消費税はどの国においても目的税ではなく一般財源だ。消費税は福祉目的とは何の関係もない。

ヨーロッパでも多くの国では、年金や医療などの社会福祉は「保険料」で運営される。高い保険料を設置している国がおおむね高福祉であるというだけの話だ。

このように消費税の税率は、各国の事情によるのであり、ヨーロッパの場合は、人の移動の激しさなどの理由からたまたま消費税の税率が高いのである。

増税のタイミングを間違えると、経済活動への大打撃に

安倍政権下2度行われた消費税の引き上げが経済にどのような影響を与えたか、ということを見ていこう。見るべきポイントはもちろん、GDPの推移である。

消費税がたとえよくできている税制であるにしても、問題は、その導入ないし引き上げのタイミングだ。

2012年の年末、アベノミクスが始まった当初、日本のGDPは順調な成長を続けていた。アベノミクス開始時のGDP約517兆円が、2014年3月には約535兆円に達していた。

ここに2014年4月、消費税が5%から8%に引き上げられた。状況が一変した。2014年度第2四半期までに、GDPは約14兆円、一気に急落した。

その後もGDPは伸び悩み、翌2015年7～9月期は約530兆円。当時の私の

試算では、消費増税率の引き上げさえしていなければ、ＧＤＰはその後も右肩上がりの成長を続け、約５５０兆円の数字を見ていたはずだった。

その差は20兆円。これだけの金額が「増税によって失われた」ということになる。この20兆円分の伸びがあれば、物価も上昇し、賃金も消費も好調という良好な循環が生まれ、２０１５年中には「デフレ脱却宣言」ができていただろう。日経平均株価も2万円台、為替も1ドル＝１２０円の水準を保てたはずだ。

日本においてはそもそもＧＤＰの6割を個人消費が占めている。増税すれば消費が減退し、ＧＤＰが下がるのは当然のことだ。当時、増税の影響で失われた20兆円のＧＤＰを国民一人頭で割ると、約15万円になる。所得が15万円下がったのと同等である。買い物をする気は失せる。

これを税収という視点で見てみよう。失われた20兆円のＧＤＰから試算される消えた税収は約5兆円である。つまり、ＧＤＰが下がれば税収も減る。一方、当時、消費増税で増えた税収は約8兆円だった。

「3兆円多く徴収できたのだから、増税のほうがいい。消費税引き上げは成功だ」と思うかもしれないが、冷静に考えてみよう。これは、「増税によって税収を8兆円増やすのと引き換えに、一人あたり15万円のGDPを吹き飛ばしてしまった」ということである。日本経済に与えたダメージは計り知れず、GDPが増えれば物価が上がり失業率が低くなる、という政府が画策すべき経済成長の目的と原則に反している。

2019年10月の消費税10％引き上げのときにはどうだったろうか。同年の実質GDPの四半期別の前期比成長率を見ると、増税前の4～6月が0・6％、7～9月が0・0％でほぼ横ばいだったものが、消費税率引き上げ直後の10～12月にはマイナス1・8％、翌年2020年1～3月にはマイナス0・6％と下がり続けた。そして4月以降のコロナ禍による経済大打撃期へと入っていく。

消費の動きだけを見ると、過去25年でいちばん悪かったのは、前回の、20兆円のGDPが失われたと試算できる2014年の消費増税だ。

そして、2019年10月の消費税引き上げが2番目に悪い。ただし、10％消費増税直後の10月の消費支出は5・1％減で、この下げ幅は2014年の8％消費増税直後よりも大きい。

3番目が1997年の3%から5%への消費増税引き上げである。すべて消費増税が並ぶ。

アベノミクスではマクロ経済政策として「大胆な金融政策」と「機動的な財政政策」が行われてきた。不況時の財政政策は、減税によって「国民からとるお金を減らす」か、財政出動によって「国民に分配するお金を増やす」かのいずれかである。

政府（当時）は、アベノミクスを推進しながら、消費増税を行った。つまり、「国民に分配するお金を増やす」という政策をとりながら、同時に「国民からとるお金を増やす」という政策を行った。

このときの消費増税は、意味不明な政策だった。そして、安倍政権下における消費増税がいかに意味不明な政策であるかということをわかるためには、逆に「大胆な金融政策」と「機動的な財政政策」がいかに理にかなった政策であるかということを知っておく必要がある。

適切な経済政策のあり方を示す、「マンデル＝フレミングモデル」

経済政策に関する理論に「マンデル＝フレミングモデル」というものがある。ほぼ同時にこの理論を打ち立てた、1999年のノーベル経済学賞受賞者でもあるカナダの経済学者ロバート・マンデルとアメリカの経済学者マーカス・フレミングの名前がつけられている。

マンデル＝フレミングモデルは、「なぜ金融緩和と財政出動によって経済成長が促されるのか」を説明し、「適切な経済政策とは何か」ということを理論化したものだ。

金利が上がると「投資」と「輸出」が減るため、変動相場制のもとでGDPを増やすには、単独で行う財政政策（財政出動）では効果がない。金融政策（金融緩和）もあわせて行う必要がある。

これがマンデル＝フレミングモデルである。教科書や辞書などでは「財政政策より金融政策のほうが効果的とする理論」と説明されている場合があるが、これを「財政政策には効果がない」と解釈するのは間違いである。

マンデル＝フレミングモデルを理解するポイントは次の2つである。

- **なぜ金利が上がると投資と輸出が減るのか**
- **なぜ「変動相場制のもとで」という条件がつくのか**

次項より、順を追って説明していこう。

「財政出動すればＧＤＰは上がる」は間違っていることもある

ＧＤＰとは「消費＋投資＋政府需要＋輸出－輸入」のことである。マンデル＝フレミングモデルは政府が行う経済政策の効果のメカニズムを説明するものだ。したがって、この中で「政府需要」の効果に注目する。

「政府需要」とは、政府が生み出す需要によって動くお金のことだ。景気が悪く成長が低迷しているときには、減税や財政出動の政策が実施される。そして、財政出動とは、「公共投資などを行って世の中に仕事をつくり出す」ということである。

政府は国債を発行して民間金融機関からお金を集め、それを資金として公共事業を行う。「世の中に仕事をつくり出す」ということが、「政府が生み出す需要」ということである。つまり、これは「国民に分配するお金を増やす」という財政政策だ。

政府需要が増えると失業者は減り、国民の所得が増える。より所得が多くなれば、人々はより多く「消費」する。消費するのは国内で生産されたものだけとは限らず、海外からの「輸入」も増える。経済が活発になれば、民間の「投資」も盛んになる。個人の株式投資や住宅投資、企業の設備投資も増える。

つまり、「GDP＝消費＋投資＋政府需要＋輸出－輸入」の内訳において、**「政府需要」が増えると、必然的に「消費」「投資」「輸入」が増える。**後で触れるが「輸出」は不動と考えてよい。

「輸入」はGDPからマイナスされる要素だが、だいたい消費の6割程度の額と考えてよい要素だ。「消費」より必ず小さい額となるから、政府需要が増えることで輸入が増えても、すべての和であるGDPは増える。したがって、ここでのGDPの内訳は「（消費－輸入）＋政府需要＋投資＋輸出」と並べ替えたほうがわかりやすい。

さて、ここまでの話から、「GDPを増やすには、とにかく財政出動をどんどんやればいいのだ」と考える人は多いはずだ。

ところが、そうはいかない。ポイントは「金利」である。「政府需要が増えれば（消費－輸入）も投資も増える。輸出は不動」という話には「金利が変わらなければ」という前提条件がつく。

なぜなら、財政出動は国債を発行して行うものだからだ。通常、国債が発行されれば金利が上がる、のである。

これがマンデル＝フレミングモデルのいう「金利が上がると、投資と輸出が減るため、変動相場制のもとでＧＤＰを増やすには、単独で行う財政政策（財政出動）では効果がない」の意味である。

財政出動によって、「金利」が上がるワケ

国債は、民間金融機関が政府から買うものである。「民間金融機関の資金が政府へ流れる」ということだ。
すると、民間金融機関が民間企業に融資できる資金は相対的に少なくなる。資金がより限られている状況では、民間金融機関は民間企業により高い金利で貸し付けようとする。

これが、政府需要が増えると金利が上がる理由だ。「政府需要が増える」とは、「国債が発行される」ということなのである。

金利が上がれば、当然、投資は抑えられることになる。企業にとっては設備投資のために受ける融資に、より多くの利子がつけられることになる。個人が住宅ローンを組む場合なども同様だ。

金利が上がると輸出が減るのはなぜだろうか。

金利が上がると「円」の人気が高くなる。投資家としては、円を持っていれば、より高い金利がついてより儲かるからである。為替も需要と供給のバランスで決まるから、円の人気が高くなれば円の価格は高くなる。「円高」という状態だ。

輸出とは、国内で生産されたものを海外に売る、という行為だ。これは実は、「円を売る」のと同じ行為である。

円高の状態においては、買うほうからすれば、高い買い物、ということになる。したがって、金利が上がれば円高になり、輸出は減る。輸入については逆のメカニズムが働いて増えそうだと思うかもしれないが、輸入にはさまざまな要素が影響するので、微妙である。

財政出動に金利の上昇はつきものである。そして、金利が上がると投資と輸出が減る。投資と輸出が抑えられることに足を引っ張られるから、財政出動によってGDPが増えるかどうかは微妙なものとなる。

これで、GDPを上げようとするときには財政出動だけでは効果が出にくいというマンデル＝フレミングモデルのポイントのひとつがおわかりいただけたことと思う。

財政出動の効果の微妙さを「金融緩和」でカバーする

財政出動だけでは効果が出にくい。そこで、金融政策が登場する。金利の問題をカバーするために、「金融緩和」という政策が実施される。

つまり、**GDPを増やしたいのであれば、財政出動と金融緩和をセットで行う必要がある**ということである。

金融緩和は、政府の意向を受けた中央銀行が行う。日本であれば日本銀行（通称・日銀）が行う。

中央銀行は資産が連結された、政府の子会社のようなものである。ここに、財政破綻論を否定するポイントもあるのだが、それは最終章であらためて触れる。子会社のようなものであるから、民間企業の子会社が親会社の意向に沿うのと同じく、中央銀行も基本的には政府の意向に従う。

日銀が行う金融緩和とは何かといえば、「民間金融機関が持っている国債を日銀が買い上げる」ということだ。日銀は唯一お金を刷ることのできる金融機関である。お金を新たに刷って、国債の代金を支払う。つまり、金融緩和とは「お金を新たに刷って、お金の量を増やす」という政策だ。

民間金融機関においては国債が買い上げられるわけだから、以前より資金が潤沢になる。利子収入を得るのが民間金融機関の仕事だから、民間企業に積極的に資金を貸し出そうと努力する。つまり、金利が下がるということだ。民間金融機関から融資を受けて行う投資が増えるのである。

輸出に対しては、財政出動のみである場合の「金利上昇→円高→輸出減」とは逆のメカニズムが働くことになる。金融緩和によって金利が下がると投資家の円買いは抑制されて、円高になりにくくなる。

財政出動には金利を上昇させる作用がある。金融緩和には金利を低下させる作用がある。セットで行うことで金利に対する作用が相殺される、ということになる。財政出動と金融緩和をセットで行うことで、投資の減少・輸出の減少が回避されてGDPの和は増加するのだ。

これが「金利が上がると「投資」と「輸出」が減るため、変動相場制のもとでＧＤＰを増やすには、単独で行う財政政策（財政出動）では効果がない」というマンデル＝フレミングモデルの真意である。

「変動相場制」の利点とは？

さて、マンデル＝フレミングモデルにはもうひとつの条件があった。「変動相場制のもとでGDPを増やすには」という条件である。

これはどういう意味だろうか。「固定相場制の下では、このモデルは当てはまらない」という意味である。固定相場制とは、たとえばドルと円の相場が「1ドル＝何円」と「固定」しているという制度である。変動相場制とは、需要と供給のバランスによって通貨の価格が変化する制度だ。

結論から先にいえば、固定相場制をとっている国では、「財政出動」だけでGDPを増やすことができる。金利の問題は、固定相場制の下では起こらないのだ。

財政出動だけであるとGDPを効果的に押し上げることができないのは、金利が上がって投資と輸出が減ってしまうことが原因だった。これを取り除くために、中央銀行が民間金融機関から国債を買って金利上昇を抑えることで、投資の減少、輸出の減少を抑える。

これは、変動相場制というシステムが、為替が金利に影響し、金利が為替に影響するという相互作用を持っているからである。固定相場制というシステムの下では、為替は固定されていて動かない。したがって、金利はそもそも動かない。金利が動かないのであれば、「金利を動かさないようにするための金融政策」は必要がない。

したがって、固定相場制の下でGDPを増やそうとするなら財政政策だけで事足りる。金利が動かない固定相場制は、かなり強い金融緩和を常に行っている状態だともいえるだろう。

日本はかつて固定相場制の下にあった。1971年、ニクソン当時米大統領が米ドルと金の交換停止を発表したニクソンショックと呼ばれている出来事を機に日本をはじめとする先進各国はいわゆる金本位制から離れ、通貨の信用度に基づく需要供給の関係で為替が変動する変動相場制に移行した。

固定相場制の時代、1ドルは360円に固定されていた。多くの人は、固定相場制とは放っておいても為替レートが維持される制度だと誤解しているが、そんなことはない。どんなに世界中が「1ドル＝360円」だと認めていて、日本政府が「その相場で固定する」と宣言したところで、自動的に為替が「1ドル＝360円」になるわけではなかった。

1ドルが360円から前後しそうになれば、日本政府は猛烈に為替介入する必要があった。決められた為替レートを維持するために介入し続けるのが固定相場制なのだ。多くの場合、円高に振れないようにドル買い介入が行われた。そして、そのために日銀は円を刷った。当時、日本国内がインフレ基調にあったことにはそういう背景がある。

マンデル＝フレミングモデルを中途半端に理解している評論家やメディアの記者は、「変動相場制なのだから財政出動を行っても意味がない」などと述べがちである。わかったつもりの説をベースにわかったような政策批判をする経済記事には要注意だ。

「変動相場制の下ではいくら財政出動を行っても効果がない」のではなく、「変動相場制の下では、金融政策も行わなければ財政出動は効果がない」のである。

「財政出動だけだと金利上昇が投資と輸出の足を引っ張るから、金利を上げないために金融緩和が欠かせない」ということだ。

そして、アベノミクスは、このマンデル＝フレミングモデルを踏まえた、かなりしっかりとした経済政策だった。だからこそ、２０１２年の第二次安倍政権発足以来、アベノミクス開始時のＧＤＰ約５１７兆円は２０１４年３月には約５３５兆円に達していたのである。

市場が反応して株価が上がり、名目賃金、物価、実質賃金の上昇といった具合にいい流れができるはずだった。「大胆な金融政策」と「機動的な財政政策」をスローガンに、財政出動と金融緩和をセットにして着々と経済政策を進めてきたところに、消費税を増税した。

消費税が上がれば消費が冷え込むのは当然である。消費が冷え込めば、ＧＤＰの増加は望めない。ＧＤＰを増やす政策をとりながら、一方でＧＤＰを減らす消費増税を行う。この意味不明さを理論的に説明すれば以上のようになる、ということだ。

「税金」は、誰が何のために使うのか

消費増税の実施を後押しした意見に、「逼迫（ひっぱく）する医療費など、社会保障を補填するためには消費増税は仕方がない」というものがある。これは、大間違いだ。

まず、「納税の義務によって国民が支払った税金は、誰が何のために使うのか」というところから話をはじめよう。

おさえておきたいのは、一国の行政機関が政府だけということは通常ではありえない、ということである。どの国にも「政府」と「地方自治体」というものがある。

日本は、日本政府と47都道府県、さらに市区町村の、おおよそ3段階に行政区分が別れている。地方自治体には区議会や市議会といった議会がある。これは、それぞれ独自の行政機関を持っている、ということだ。

国全体にかかわることは政府がやり、地方に特有のことは地方がやる。このように、国と地方で行政機能を補完し合うことを「補完性原理」という。効率的で行き届いた行政を行うための原理である。

ただし、この「補完性原理」がどこでも上手くまわっているとは限らない。上手く機能せず、地方行政が綻びてしまっているケースが多い。

たとえば、待機児童問題は、地方によってかなり事情が異なる、地方色が出やすい問題である。政府が待機児童問題に取り組むとすれば管轄は厚生労働省ということになるが、有効策をとるために、全国の待機児童のデータをどれだけ把握しきれるかは疑問だ。保育園の数だけが問題ではない地域もある。現地の事情が見えていない政府が主導すれば、ピント外れな取り組みしかできないことにもなろう。さまざまな点から、待機児童問題は、政府ではなく都道府県、市区町村で取り組むべき問題だと言うことができる。

また、「補完性原理」を理解していない人々が起こしがちな、的はずれな政府批判というものがある。

たとえば2019年9月、関東地方を巨大化した台風15号が襲ったが、そのとき永田町では内閣改造の真っ最中だった。ツイッターなどのSNSを中心にして、こんな批判が渦を巻いた。「内閣改造より台風対策をしろ」「国民の安全より内閣人事を優先するとは何事か」「内閣改造にかまけて被災地対応が遅れ、被害が拡大した」。すべてお門違いである。台風対策は地方ごとに実情が違うから、地方自治体が行うべきことだからだ。

台風対策は、次のような流れになる。都道府県、市区町村が協力して対策を練り、台風通過後に被害状況を把握してさしあたりの対策をとる。被害状況から復興費用を算出して国土交通省に届け出て、財務省が予算を振り分ける。自衛隊も、都道府県、市区町村からの依頼があってはじめて政府が派遣を決めることである。

災害対策でもっとも重要なのは人命を守ることだ。そして、それは現地にあり、臨機応変に対応できる地方行政機関にしかできないことである。政府ができることは、地方自治体への事後フォローである。

税金の使い途は、この「補完性原理」によって決められる。補完性原理に基づき、国が使っていい税金と地方が使っていい税金とに分けられている。そして、**国が使っていい税金を「目的税」という。地方が使っていい税金を「一般財源」という。**

一般財源についてはどちらが国と地方でどちらが予算化するのかという議論が起こることもあるが、地方分権が進んだ国では地方用の税収としている国が多い。

そして、消費税は「一般財源」の税金なのである。

消費税は「応益税」の代表格

「国が使っていい税金は目的税」「地方が使っていい税金は一般財源」ということに合わせて、「応益税」と「応能税」という用語を知っておこう。

税金は、行政業務のために使われるものだ。そして、国と地方では業務の役割が違う。

地方行政の役割は基礎的な業務と行政サービスを円滑に、責任をもって行うということだ。行政サービスを代表するものとして、ゴミ収集、水道、教育、消防、福祉などがある。これらに対価として住民が支払う税金のことを、「受ける役務（行政サービス）に応じて払う税」という意味で「応益税」という。

ゴミ収集、水道、教育、消防、福祉などの行政サービスはすべて、景気の善し悪しなどに左右されてはいけない業務である。したがって、そこには、景気の善し悪しなどには左右されない税収が必要だ。

つまり、消費税は「応益税」にぴったりの税だということができる。景気によって消費は加熱したり冷え込んだりするものの、いっさい消費をしないということはありえない。

応益税に適する税には他に、固定資産税、事業税、石油ガス税、印紙税、自動車税、森林税、均等割の住民税などがある。

消費税はそもそも「地方税」であるべきだということもできる。地方自治体は徴税能力が弱いからそれを補完できる。

また、どこに住んでいても人は消費する。消費税の税収に地域差が出にくいということだ。こうしたことによって、国から地方に配分される地方交付税を安くすることもできる。地方分権を進めることにも効果がある。

実際、地方分権の進んでいる諸外国では、付加価値税や売上税を含むいわゆる消費税を地方自治体の税収としているケースが多い。日本では現在そうではなく、消費税は、いったん国に吸い上げられた後、地方交付税や地方特例交付金として各地方自治体に配分されることになっている。

消費税は「一般財源」であり、まず「応益税」の代表格として地方自治体が行政サ

ービスを滞りなく行うために使われるべきものと定義できる。

対して「応能税」とは、「負担能力に応じて払う税」である。

所得の大小によって額が決まる所得税や会社の規模によって決まる法人税がその代表格だ。相続税、贈与税、所得割の住民税も応能税である。

応能税は、所得の再分配ということを担う国の業務に向いている。

社会保障の補填と消費増税は無関係だった⁉

「目的税と一般財源の違い」「応益税と応能税の違い」について説明した。ここまでの話からも、もっぱら財務省を発信源とするがテレビや新聞が伝える消費税についての解釈、議論にはずいぶん問題があることがわかるだろう。ウソだらけだということである。

私は数量政策学者をひとつの肩書としている。政策論者として、「私は非合理な増税に反対である」ということをまずお話ししておく。

景気が冷え込んだら緩和策をとり、景気が過熱したら緊縮策をとることで対策できる。

景気が悪いときの増税は、クタクタに疲れた人を、足をひっかけて転ばせるに等しい。ようやく不景気から立ち直りつつある時期の増税もまた、ようやく温まりかけた身体に冷水を浴びせるようなものだ。

景気が落ち込んだら、財政出動と金融緩和をして経済成長を促せばよい。失業者が減り、国民の所得が上がり、結果的に税収は増える。

したがって、2019年10月の消費税10％引き上げは過ちである。2014年4月の5％から8％への引き上げも、もちろん過ちだった。

財務省は2019年10月1日付として、公式ウェブサイトに、消費増税の理由を次のように掲げている。

《社会保障制度の財源は、保険料や税金だけでなく、多くの借金に頼っており、子や孫などの将来世代に負担を先送りしています。

少子高齢化が急速に進み、社会保障費は増え続け、税金や借金に頼る部分も増えています。安定的な財源を確保し、社会保障制度を次世代に引き継ぎ、全世代型に転換する必要があります。こうした背景の下、消費税率は10％に引き上げられました》

さらには、《消費税率の引き上げ分は、全額、社会保障の充実化と安定化に使われます》（内閣官房ウェブサイト）として「社会保障と税の一体改革」というものまで政府内に成立してしまった。

税理論からしても、「社会保障にあてるための消費増税」というロジックが矛盾していることは歴然である。

景気に左右されない消費税は地方自治体の行政サービス運営のために使われるべき一般財源であり、応益税である。国の課題である社会保障費の穴埋めにあてられるべき税ではない。「社会保障にあてるための消費増税」という話は筋が通らない。

もうひとつ、「社会保障にあてるための消費増税」という言い方がいかに偽善的なものであるか、という話もしておこう。

そもそも消費税には「低所得者ほど所得に占める税負担率が大きくなる」という逆進性がある。

２０１４年４月の５％から８％への引き上げは一律の引き上げだったために、多少とはいえ、確実に消費税の逆進性が高まった。そして、２０１９年10月の消費税10％引き上げでは軽減税率が設けられ、「生活必需品に増税はないから、低所得者の税負担は大して増えない」という建前がとられた。

つまり、消費税には「低所得者の生活をさらに苦しくするという性質」がある。それを政府もまたちゃんとわかっているということだ。

消費税をもって社会保障費を穴埋めしようとすること自体が矛盾している。低所得者を救いたいのか突き落としたいのかわけがわからないのが、「社会保障にあてるための消費増税」という言い方だ。

社会保障費が増大していることは事実である。対策が必要なことは確かだ。「では、どうしたらいいのか?」ということは、税理論の上から明白である。

社会保障費は、基本的に再分配機能を持つ。だから、国の業務である。そして、社会保障のほとんどは保険サービスとして扱われている。

したがって社会保障費は保険料、つまり税としては目的税で賄われるべきである。ただし、所得が低い人は相応の保険料を支払うことができなくなるので、その部分については所得の高い人たちから徴収する累進所得税で補う。社会保障費は、目的税の性格を持つ社会保険料と、個々の支払い能力に応じて支払われる応能税であるところの所得税を財源とするのが、シンプルな税理論によるあたりまえの結論だ。

消費増税を社会保障目的とするのは、まず先に、財務省の増税の意思があるからだ。福祉のためといえば増税が通しやすいと考えたのである。実際、特にテレビのワイドショーなどは口を揃えて、「消費税増税は社会保障のため」と説明していた。

社会保障のためと称して消費増税を正当化するのは邪道である。このような社会保障政策がまかり通るのであれば、「福祉のためならいくらでも消費税率を上げられる」ということになる。安易な増税が繰り返されることにつながるのだ。

＊

国としてお金を集めてきて国の仕事をするために各省に配る、という仕事をしているのが「財務省」である。集めることを「歳入」といい、税収が中心となる。使う、つまり各省に配ることを「歳出」という。

国の予算には、「歳入予算」と「歳出予算」がある。

歳出予算は国会で審議・承認される必要がある。予算が成立すると、これだけのお金を使っていいという権限が役人に与えられる。これを「歳出権」という。財務省は歳出権を各省に配分している省ということで霞が関において強大な発言力ないし支配力を持っている。

歳出予算は国会でチェックされるが、経済予測に税率を掛けた単なる「見込み数値」に過ぎない歳入予算はチェックを受けない。ここがポイントだ。

財務省は、「税率アップによって来年度はこれだけ歳入増が予想される」として歳出予算を増やす。「歳出が増やせるのは財務省の功績だ」とするのである。経済成長ではなく、あくまでも増税したことで歳入予算を増やさなければ財務省の手柄にはならない。

したがって財務官僚は政治家に「増税が必要です」とあの手この手で取り入る。各省の予算を具体的にどの事業に配分するか決めることを「箇所付け」というが、箇所付けをするにあたって与党の実力者の地元に多く配分してやる、というようなことをする。

景気が悪くなることはわかっているのに、なぜ増税するのか。そこにはこうしたカラクリがあるということを知っておいたほうがいい。

第5章

少子高齢化社会&人生百年時代をどう生きるべきか

「人口減少危機論」は「人口増加幸福論」だが……

総務省が2020年8月に発表した住民基本台帳に基づく人口動態調査によれば、同年1月1日時点で日本の総人口は1億2427万1318人である。前年から50万5046人、減少した。11年連続しての減少である。減少幅は1968年の調査開始以来、最大だ。

2017年に厚生労働省の国立社会保障・人口問題研究所が発表した試算によれば、「出生率が今と変わらない場合、今から約50年後の2065年には総人口が3割減の約8800万人、2・5人に1人が高齢者になる」ということだ。

人口減少と少子高齢化は同じ意味である。そして、テレビや新聞、書籍、経済誌、またネット記事に至るまで、少子高齢化は諸悪の根源であり、絶対に解決しなければならない問題だとする傾向にあるようだ。

「絶対に解決」とは、「人口を増加させる対策をぜひともとらなければいけない。人口増加こそが幸福をもたらす」という考え方だ。つまり、人口減少危機論は人口増加幸福論に直結している。

本章では、一概に人口減少を危機ととらえることはできないこと、それにまつわって語られる問題、つまり**「年金は破綻する」「人口減少でデフレからは脱却できない」といった問題提起はウソである**ということをお話ししていく。

私は、人口減少危機論＝人口増加幸福論を支持する声の多くは、おそらく地方公共団体に所属する人々、そしてマスコミの、いわゆるコメンテーターたちのものだろうと考えている。

地域の人口が減れば、行政の規模の最適化、行政の効率化のために市町村合併が行われることになる。役場が統合されて、課長や係長といったポストが減る、ということだ。実際、地方公務員の数はピークだった１９９４年の約３２８万人を境に減り続け、２０１５年からは若干の増減がありながら、２０１９年４月１日時点で２７４万６５３人となっている。

一方、テレビなどのコメンテーターにとっては、人口減少は便利な道具である。何でも人口減少が原因だと言っておけばそれで済む。書いた本も売れる。しかも、人口減少が原因だとしておけば誰を傷つけることもない。

人口減少自体、確かに起こっていることだ。それは確かだから、同時に進行している社会問題と関係づけて説明することで、因果関係を科学的に証明することなどできないにもかかわらず、危機を煽って一般の人々の興味を惹くことができるのである。

こうした手前勝手な理屈につきあう必要はない。

人口が増えると、国民は幸せになるのか

人口は出生率と死亡率で決まる。一般的に出生率といえば、人口統計上の指標である、1人の女性が15歳から49歳までに産む子どもの数の平均(合計特殊出生率)のことを指す。

先進国の出生率は低下傾向にある。厚生労働省の発表によれば、2019年の出生数は前年より5万3161人少ない約86万5239人だった。合計特殊出生率は1・36と過去最低である。

日本の人口が減少し続けないためには、最低でも1・8の出生率が必要だとされている。しかしこれは、出産を希望する女性全員が出産できた場合に達成できる水準だ。

結論からいえば、出生率は基本的には自然の摂理であって、1を割ることはなく、1・5くらいでもそれほどの問題はない。政府は目標として出生率1・8を掲げてい

るが、本気で対策をとることはないだろうし、その必要もない。

なぜなら、国民の幸せは人口の増加ではないからだ。順に説明していこう。

一般の人々は人口減少でどんな問題が起こると考えているだろうか。

まず、「国力が低下するのではないか」という問いがある。

この「国力」を、国防や治安、防災機能などの「国防力」だと考えれば、若い人が減れば確かに何かしらの影響があるとは考えられるだろう。「生産年齢人口が減れば、生産力が落ちるから国防力も落ちる」ともいえるだろう。

したがって問題は、この「生産力」が人口減少によってどう影響されるのか？　ということになる。

つまり、「国力」は、GDPと大いに関係があると言っていい。GDPをわかりやすく簡単に言えば「みんなの平均給与×総人口」なのだから、人口が減ればGDPも減るのは当たり前の話だ。

減るのは絶対にダメ、というのは百点か零点かという議論であって、現実において意味をなさない。考えるべきなのは、「GDPがどれくらい減るか」という数量の問題だ。

厚生労働省国立社会保障・人口問題研究所の試算、「２０６５年には総人口が３割減の約８８００万人」において、ＧＤＰが実際にどれくらい減るのか――ということを見ていくことにしよう。

少子高齢化で、GDPはどのくらい減少する？

まず知っておいていただきたいのは、予想どおりに人口が減少した場合にGDPがどれだけ減るかは、物事を数量的に理解できなければ絶対に答えることはできない、ということである。世間の人口減少危機論者は、ほとんどの場合、数量的に理解していないから、何のためらいもなく危機を主張する。

実は、私は計算式を持っている。結論を先にいってしまおう。厚生労働省の発表どおり人口が8800万人に減少した場合、それがGDP成長率にもたらす影響は「最大で年々の成長率を0・7％引き下げる」である。

つまり、人口の増減はマクロ経済にはこの程度であるし、この程度ならほかに挽回する手段もある。さらに、人口の増減と一人あたりGDPの増減の間には、ほとんど関係がないのである。

マクロ経済ではそうだろうが、ミクロ経済つまり民間企業の経済活動への影響はどうなのか、という声が聞こえてきそうである。

結論からいえば、人口の増減はここでもほとんど関係しない。

たとえば出版業という業種のことを考えてみよう。人口が増えたからといって単純に読者が増えるわけではないのは当然だろう。逆にいえば、読者が減っていく理由を、人口減少のせいにはできない、ということだ。

人口増加の時代でも、読者に支持されなければ出版社は倒産していくのである。人口減少時代でも、面白い本を出し続ければ、事業規模の縮小はあるかもしれないが、売上を伸ばすことはできるだろう。

これはどんな業種においてもいえることだ。飲食業だろうが製造業だろうが関係ない。

ただし、たとえば日本国内でシェア率100%という独占企業には人口減少による多少の影響は出るかもしれない。しかし、それもシェア率数%という誤差と判断されていい範囲内だろう。

そして、日本の場合は全企業の99%が中小零細企業だ。ほとんど影響はない。

人口の増減が経済活動に影響するというのは単なる思い込みに過ぎない。特に身のまわりの生活にはまったく影響はない。

私は、常々「人口を増やす理由がまったく思い当たらない」と考え、メディアなどでもそう発言してきた。経済の基本を踏まえれば、そうでしかありえないのだ。

そもそも、**世界の中で「人口減少している国」は20ヶ国程度ある。その中で、日本の成長率は最低であるが、ほかの国は立派に経済成長している**——という事実を見ておこう。

「人口オーナス」は回避できる

人口構成の変化が経済にマイナスに作用する要因となるという理論は確かにある。人口減少の局面では、「人口オーナス」によるGDPの押し下げ効果が指摘されている。オーナス（onus）とは負荷、重荷といった意味だ。

しかし、これは回避できる問題である。

たとえば、女性や高齢者を積極的に登用すればいいし、人工知能（AI）で生産性を上げればよい。

日本は今、空前の人手不足といわれ、2018年には改正入管法が成立して外国人労働者の問題が注目されている。2020年1月1日時点で国内の外国人の人口は286万6715人である。前年比7・5％で過去最多だ。

確かに労働力という意味では人手とのバランスは大事である。国内にいる外国人のすべてに対してではないにせよ、多くの日本人は労働力として外国人に期待している。と同時に、外国人に仕事を奪われることも危惧している。

しかし、移民の歴史を持つ外国とは異なり、日本は外国人労働力に頼ることなく国として十分に成り立ってきた。人手不足の業種においてはＡＩ化が進んで補完されることになるだろう。また、そのほうが労働力管理もラクである。

外国人労働力の問題は、外国人の流入によって予測される社会問題の大きさとの比較で考えるべきことだろう。

なお、**人手不足は一般の人々にとって悪いことではない。賃金のアップは人手不足によって生まれるからである。**

人口減少にはまた逆に、人口構成が経済にプラスに働く「人口ボーナス」の側面もある。

人手不足という状況下では、「労働節約的な技術進歩」、つまり従来よりも少ない労働投入量で同一の生産水準を達成するための技術の向上が図られる。また、「知識・技術集約的産業分野への移行」つまり、知的生産による業務の割合が大きい産業へのスライドおよびその分野の発展が見込める。

経済成長への影響があるとしても、それは発想で克服することができるということだ。人口減少危機論者は、そうした人間の営みというものを無視しているのである。

「デフレ脱却を、人口減少が阻む」というウソ

ひと昔前の話になるが、「デフレ人口原因論」というものが流行ったことがある。「日本のデフレには金融緩和は効果がない。なぜなら、日本のデフレの原因は人口減少による供給過剰だからだ」という論である。

2度の消費増税で足を引っ張られているものの、2012年以来、アベノミクスの「大胆な金融政策」と「機動的な財政政策」によって日本はデフレから脱却しつつある。財政出動と金融緩和は必ずセットで行われるべき政策だということは第3章で説明した。

この事実は、デフレは主として金融政策、少なくとも財政政策と金融政策で解決できるということを示している。私自身、そのように一貫して主張してきている。

それでも「デフレ人口原因論」というものがいまだに一部で支持されている背景に

は、どうやらそもそも「デフレ人口原因論」のいっている「デフレ」の意味が違っているようだ、という問題がある。

デフレとは、一般的な物価水準が下がり続けている状態を指す。厳密にいうと、実質GDPを算出するときに使う物価指数「GDPデフレータ」が2年連続でマイナスであればデフレであると国際機関などでは定義されている。GDPデフレータとは、輸入原材料の価格を除く、国内で生産されたすべてのモノやサービスの付加価値の価格水準を示す指数である。

私は一貫してこの国際標準のデフレを「デフレ」として議論してきている。本書に登場するのもこの「デフレ」だ。

しかし、「デフレ人口原因論」における「デフレ」は、意味が違うようなのである。どうやら、この論でいっているのは「デフレとは耐久消費財などの個別品目の価格の下落を意味する。この下落は人口減少が原因だ。モノはあるのに、買う人の絶対数が不足しているということだ。

したがって、個々の企業はよっぽど創意工夫しなければ生き抜いていけない」ということらしい。「がんばれ」ということだから、わかりやすいということでもあるのだろう。
ここには、本書で繰り返し述べてきた、ミクロ経済とマクロ経済を一緒にすると世の中が見えなくなるということの典型がある。

ここでもう少し、ミクロとマクロについて述べておこう。「ミクロの個別価格の平均としてマクロの物価がある」と思い込んでいる人は多い。しかし、これは短絡的だ。マクロの物価は日銀が世の中に出まわらせる貨幣量から決まってくるということは、本書ですでに説明したとおりだ。この点において、ミクロの価格とマクロの物価を区別する意味が出てくる。また、ミクロの個別価格の変動がマクロの物価に大きな影響を与えないのもこれが理由である。

単に知識が足りないということに過ぎないから、個別価格が下がることをデフレと呼ぶ人がいても、そう目くじらをたてて騒ぐ必要はない。しかし、こうした知識を欠いた議論が、テレビや新聞、雑誌などでまかりとおると事は少々重大である。

「デフレと人口減少」が無理やり結びつけられるとどういうことになるだろうか。

本来であれば金融政策で対処できる「デフレ」が、人口問題だと解釈される。「デフレは金融政策では対処できない」という印象が世間に振りまかれる。

「デフレは金融政策では対処できない」としたい人たちが存在するのである。個別価格についても政策関与したいと考える官僚たちである。彼らは官僚主義の下、権限を拡大するのが仕事だと考えている。

たとえば、2020年7月1日、「レジ袋有料化」がスタートした。経産省のウェブサイトではその目的は《普段何気なくもらっているレジ袋を有料化することで、それが本当に必要かを考えていただき、私たちのライフスタイルを見直すきっかけとすること》と書かれている。

つまり、プラスチックの過剰な使用抑制の「気合いを入れる」ということに過ぎないのだが、レジ袋有料化は法律ではなく「規則」である。法律は国会で審議される必要があるが、「規則」は省庁や自治体が国会から委任されるかたちでつくることができる。官僚たちはこういうことを利用する。

金融政策は、マクロの物価だけに働きかけ、個別の価格決定には関与しない。つまり、民間の競争は阻害しないという点でメリットがある。

政策として個別価格に関与すれば、個別のビジネスに大きな影響が出る。自由主義社会にあるべきことではない。

政策論の基本が侵されるという意味においても、単に個別価格の下落に過ぎない事象を「デフレ」と称してはいけないのである。

ちなみに、「デフレ人口原因論」の誤りは一言でいえる。世界で人口減少している国は20ヶ国以上あるが、その中で、デフレだったのは日本だけであり、その日本も金融緩和と積極財政により、デフレとはいえない状況まできた。

ただし、残念ながらコロナ禍などによりデフレ脱却とはまではいえない。しかし、「デフレ人口原因論」が正しければ、今ごろ凄いデフレのはずだが、そうなっていない。

少子高齢化による、「年金問題」を考察する

少子高齢化で取り沙汰される問題の代表的なものに、「年金」がある。「高齢者1人を現役世代何人で支えるのか」という議論だ。

財務省のウェブサイトには「2025年、高齢者1人を現役世代何人で支える?」というコーナーがあり、次のようにアナウンスされている。

《2014年において、日本の総人口は1億2708万人。

そのうち65歳以上の方は3300万人。

65歳以上の方ひとりを20歳から64歳の方2・2人が支えていることになります。

2012年以降、団塊の世代が65歳となり、基礎年金の受給が始まることなどから、社会保障給付金は増大することが見込まれています。

さらに2025年には、65歳以上の方の人口は3657万人に。65歳以上の方ひとりを20歳から64歳の方1・8人が支えることになると推計されています》

少子高齢化が進めば、当然、人口構造は逆ピラミッド型に近づいていくことになる。単純な人数的割合を見れば、近い将来、財務省が示しているように「高齢者を現役世代1・8人が支える」という社会になっていくのだろう。

しかし、これは数字のトリックだ。年金制度との関連でいうと、ほとんど取るに足りない話である。「支える」とはどういう意味なのか、ということだ。

年金は人の数ではなくお金の問題である。

「高齢者1人を現役1・8人が支える」とは、「高齢者1人分の年金を現役世代1・8人分の所得で支払う」という意味だ。実際に高齢者1人を支えるのは、現役世代1・8人の「人間」ではない。「経済力」である。

つまり、「現役世代1・8人」に、「高齢者1人」の年金を払っても困らない所得があればそれで済む話だ。問題は人の数ではなく、個々の所得なのである。

ここにも経済成長が必要であることの理由がある。失業者を極限まで減らし、結果的に実質賃金が上がるように経済成長率を上げ続けることが、年金制度を維持するうえでも重要だ。

経済成長を続ける限り、その成長の足を引っ張る政策が打たれるようなことがなければ、今の実質賃金よりも次世代の実質賃金のほうが多くなるはずである。「高齢者1人を現役1・8人が支える」というのも十分に可能で、心配する必要はない。

また、先の財務省ウェブサイトのアナウンスは、すでに少子高齢化がどのように進むか予測されたうえで、さまざまなことが試算されているだろうことを意味している。

年金とは保険である。

保険業務に関する数学的な計算や理論のことを「保険数理」というが、保険数理もまた、少子高齢化を折り込んだうえで計算作業が進んでいるはずである。

「年金制度」は〝安定重視〟で運用せよ

年金についてはまた、制度として破綻するのではないかと危惧している人が多いようだ。「本当に私は年金をもらえるのか」ということである。

結論から先にいえば、人口が減少しようが高齢化が進もうが、年金はめったなことでは破綻しない。

「きちんと制度運用をしていれば大丈夫」である。現状の制度がきちんと運用されていれば、「破綻する‼」などと騒いだり悲観したりする必要はない。

日本の年金制度は、「現役の人の負担をなるべく抑え、応じて将来の給付もそこそこに抑える」という仕組みになっている。これがいちばん安定する方法だ。

年金制度は安定していることが重要であり、安定していれば確実に年金はもらえる。

マスコミの一部の人々を含め、会計的な知識がない人に限って年金の破綻を口にする。騒ぐことで得をする人たちだ。

年金制度が安定するかどうかは、負担する人数・受け取る人数といった「人数」の問題ではなく、「金額」の問題である。

お金の問題である限りはバランスシートで考える必要があり、バランスシートを見れば、年金制度とはどういうものかということもわかる。

バランスシートについては、前書『正しい「未来予測」のための武器になる数学アタマのつくり方』で詳細に説明したのでぜひ参照していただきたい。

制度運営が健全であるか不健全であるか、それを負債の額だけを見ていうことは絶対にできない。マスコミの経済ニュースは負債の大きさばかりを取り上げて大騒ぎしている場合がはなはだ多いが、問題は「負債」と「資産」のバランスである。

徴収する保険料は「資産」だ。したがってバランスシートの左側に書かれる。

給付しなければならない年金は「負債」だ。したがってバランスシートの右側に書かれる。

日本の公的年金は「賦課(ふか)方式」である。年金支給のために必要な財源は、そのときどきの保険料収入から用意される、ということである。

つまり、将来自分が年金を受給するときに必要となる財源を現役時代の間に積み立てておく「積立方式」ではない、ということだ。

したがって、資産も負債も、過去から遠い先の将来まですべてを含めてバランスシートとする必要がある。

政府は永遠に保険料を徴収できる。したがって「資産」は無限大になる。

一方、政府は永遠に年金を給付し続ける。したがって「負債」も無限大になる。

無限大になるものをどうやって計算するのだろうか。将来の「資産」と「負債」は、割引率を使って計算した「現在価値」というものに直して計算可能な額にすることができるのである。

政府は年金のバランスシートを試算している。2014年に発表された平成26年度の厚生年金バランスシートを見てみることにする。

「負債」である年金給付債務は2030兆円である。支払わなければいけない年金額すべての現在価値である。

「資産」である、徴収できる保険料総額の現在価値は1470兆円だ。他に国庫負担390兆円、積立金170兆円が計上されている。

積立方式であるならば、「年金給付債務　2030兆円」はすべて積み立てられていなければならない。しかし、実際には積立金は負債の一割にも満たない170兆円だ。日本の年金が賦課方式で実施されているということはバランスシートからも明らかなのである。

賦課方式は、制度がずっと続くことを前提とする。

そして、「負債」と「資産」は必ず一致するように計算される。これは、年金保険数理の基本であり、「収支相償の原則」である。しかも、これが維持できるように5年以内に見直しが行われている。

したがって、年金制度に債務超過は発生しない。

ところが、「日本の年金は積立不足だから破綻する」と指摘する人がいる。すべてはバランスシートを途中で区切って見ることから起こる誤謬だ。

「年金破綻論」を恐れず、老後に備える

未来永劫合わせた年金資産と年金負債でつくられたバランスシートは「保険料」＝「給付額」という式をもって「資産」と「負債」は必ず一致する。

しかし、これをどこかの時点で区切ると「負債」のほうが大きくなる。保険料を払わずに給付を受けた人々が存在するからだ。

これは、年金がスタートした時点のことを考えてみればわかる。国民皆年金は１９６１年（昭和36年）に始まった。この時点で、すでに高齢者となっている人がたくさんいた。

仮に積立方式でスタートしても、20歳の人は60歳まで40年間積み立てて60歳以降は自らの積立分をもらうことになる。ここに問題はない。

40歳の人も20年間くらいは積み立てることができるだろう。40歳の人も、受け取る額は少なくなるかもしれないが、特に問題はない。

しかし、60歳以上の人はすでにリタイアしているから積み立てることはできない。

「積み立てていないからもらえませんよ」とは、選挙によってすべてが成り立ってい
る政治家はまずいえない。

つまり、国民皆年金を積立方式でスタートすることは難しかった。現役世代の保険料を老齢世代の給付にあてる賦課方式にせざるをえなかった。

最初のうちは、保険料を1円も納めていない人にも給付する。したがって単年でバランスシートをつくれば必ず赤字になる。単年でバランスシートを読んだ場合には、「税金で補填する以外にはない」ということだ。

しかし、この制度を長く続けていくとどうなるか。「納めていないのに年金を受け取る人」が減っていく。赤字がなくなり、バランスしていくのである。

最終的には必ずバランスして不足はなくなる。ところが、どこか途中でバランスシートを切り取って読んでしまうと、債務超過になる。保険料を納めずに受け取っていた人の分が存在するからだ。

日本は人口が多い。年金の加入数も膨大だ。保険料を払わずに年金を受け取った人も相当数おり、その給付額はかなりの額である。

したがって、バランスシートを途中で区切って読んではいけないのである。年金破

綻論を主張する人たちは、このことを知らないか、またはあえて無視してミスリーディングしている。

日本の公的年金制度は、成熟するにつれて保険料と給付が一致していき、不足分が解消されていく仕組みだ。したがって、不足額が大きいからといって不安に思う必要はない。

不足額が増えている場合には問題だが、少しずつでも不足額が減っているのであれば問題はない。時間が解決するのだ。

議論のポイントは、破綻するのかしないのかではなく、不足額を減らすスピードに関する制度改正でしかありえない。保険給付額を低くしたり、保険料率を上げたりすれば不足額が減っていくスピードは上がる。各論でそれに「賛成か、反対か」という議論であれば、意味はある。**額の問題ではない。「不足額が増えているのか、減っているのか」が重要である。**

公的年金は最低限の「ミニマム」の保障である。忘れてはいけないのは、「年金がこんな額ではやっていけない」などといった個人的な事情は関係ない、ということだ。負担に応じて給付額が決まる。負担額の低さと給付額の低さのバランスがとれていれば、日本の年金制度はそう簡単に破綻するものではない。少子高齢化と年金問題は関係ないのである。

＊

経済ニュース及びその解説、特にテレビの情報番組などは、よく言葉の置き換えということをする。「手取り月収30万円の家計にたとえると」とか、「約５４００万円のローン残高を抱えていることに」などといった言い方がその典型例だ。

情報の受け手側は概して、理論ではなく、そうしたイメージ先行のワードで経済をわかったような気になってしまうが、これはたいへん危ない。経済の動きや政府が行う政策の評価を誤ることにもつながるし、また、そこには、国民世論を一部の人々の都合のよいように導きたいという作為が隠されている場合もある。

しかし、今や本書をとおして「経済」というものをかなりスッキリと見る目ができたはずである。であれば、勘違いの経済ニュースも、デタラメな経済ニュースも、作為的な経済ニュースも役に立つだろう。「正しい読み方」ということこそが、ビジネスを成功させる上での、また、幸福な明日のための、強い武器となる。

最終章

内閣官房参与が大予測！2021年の日本経済

2021年は、まずコロナ禍への対策を

2020年12月15日、令和2年度の第3次補正予算が決定した。事業規模73・6兆円で、新型コロナ感染拡大防止に6兆円、コロナ後を見据えた経済構造の転換・コロナ後の対策に51・7兆円、防災・減災と国土強靭化に5・9兆円をあてる、としている。

「事業規模」とは経済対策全体の規模のことで、政府系金融機関による融資拡大など返済が見込まれる金額を含めている。事業規模73・6兆円という数字は、膨らんでいけばこれくらいになるというあくまでも予算の話であり、大きくなってインパクトがある数字だからマスコミがニュース用に好んで使う。

無知が理由でマスコミはこちらの数字ばかりを発信するということもできるが、一般的に見るべきは、事業規模ではなく、「財政支出」というもうひとつの数字である。

財政支出の数字が、GDPを引き上げるのに必要ないわゆる「真水」に大いに関係する。事業規模というワードを見たら、必ず財政支出というワードを探すというクセをつけるのも経済ニュースを読みこなすコツのひとつだ。

政府は、財政支出を第3次補正予算と令和3年(2021年)度予算とを合わせて国費30兆円程度としている。これには一般会計と特別会計がある。特別会計には融資が含まれるから、いわゆる真水は30兆円程度だろう。予備費は10兆円であるので、景気の押し上げ効果を算出するためには、30兆円から10兆円を引いて20兆円で算出する。ただし、予備費は後で支出されれば、その分は景気を押し上げる。

この30兆円は決して悪い数字ではない。当初、政府内では10兆円いくかいかないかという話がささやかれていた。菅首相がかなり頑張ってここまで補正予算を引き上げたと聞いている。私も内閣官房参与の立場でいろいろと相談を受け意見も申し上げた。持ち越されていた予備費7兆円もどんどん使っていくことになるだろう。そして2021年度予算にはまた予備費が大きくつく。

今回のコロナ禍のような経済危機に際して、私はかねがね100兆円規模の経済対策が必要だといってきた。これは、前章までに述べてきたGDPギャップの分析から計算していた数字である。見込みどおり、安倍前首相の約60兆円に続き、菅首相が40兆円程度の財政支出を行うということである。

今後、予備費を使って地方に対策していくということも行っていくはずである。2020年12月14日、菅首相は「Ｇｏ Ｔｏ トラベル」を一旦全国停止することを発表した。キャンペーン停止の効果のあるなしはともかく、新型コロナウイルス感染の波の落ち着きにともなって、第3次補正予算による経済対策も効いてくる。ワクチン開発の展望も世界的に明らかになってくるだろう。

決して気を許すことはできないが、2021年後半にはだいぶラクになってくると考えられる。スガノミクスの成長戦略重視を背景として、特にビジネスシーンの活性化が予想できる。

「日本の財政は大丈夫なのか」という決まり文句は大間違い

補正予算の事業規模73・6兆円などといった数字から、マスコミが必ずニュースにつけ足してくるのが次のようなフレーズだ。「国債発行額が初めて100兆円を超え、国債への依存度は、過去最悪となる見通し。財政健全化は、さらに遠のくことになる」。「財政健全化」ということは「今の日本の国家財政は健全ではない」といいたいからなのだが、私がかねがね各メディア等で述べてきたとおり、これはマスコミの経済ニュースにおける代表的なウソである。

財政が健全であるかそうでないかは、国債発行額をはじめてする借金の額だけを見ていてはお話にならない。問題は負債と資産のバランスであって、現在の日本の国家財政は、まったく健全なバランスシートの上にある。

バランスシートをはじめとする政府の財務書類は2003年からずっと財務省ウェ

ブリイトで公開されている。それを見ずに、またはその存在さえ知らずにいるマスコミ人は少なくないのだ。

２０２０年、令和２年の１月31日に財務省のウェブサイトで公開された平成30年度の国の財務書類（一般会計・特別会計）から政府のバランスシートを見てみると、負債合計は１２５８兆２４６億７６００万円、資産合計は６７４兆６６７９億５７００万円である。この時点で「日本政府の純資産は約マイナス５８３兆円」だ。

そして、日本政府の決算は、その子会社である日銀の決算と連結できる。政府と中央銀行のバランスシートを連結したものは「統合政府バランスシート」と呼ばれている。統合ＢＳで政府の財務状況を見るのは現在、世界の常識だ。

日銀の資産はそのまま政府の資産とすることができ、詳しい数字の見方については、前書『正しい「未来予測」のための武器になる数学アタマのつくり方』を見ていただきたいが、その数字は結論として「日本政府の純資産は約マイナス１００兆円」、今の時点ではほとんどゼロとなる。

政府のバランスシートは負債がちょっと多いくらいでも健全である。右記の数字はまったく問題ない。借金のし過ぎ、つまり国債を発行し過ぎているわけでもないし、いわんや財政破綻に直面しているわけでもない。ちなみに2017年12月時点での試算ではマイナス120兆円だった。

国債発行批判派の経済ニュースではよく、「国債の償還費には税金が使われる。したがって国債発行額が増えれば増税につながる」と書かれている。これもミスリーディングで、ほとんどウソともいえる。

一般論として、国債の償還には原則として借換債で対応する。100万円の国債が償還期日を迎えたら、あらたに100万円の国債を発行して償還する、ということだ。これを繰り返すから、結果的に借金の額は変わらない。政府の借金が一向に減っていかないのは、償還期日が来るたびに借り換えているからである。

実質的に政府は借金を返していない。つまり、「国債発行額が増えれば増税につながる」というのもウソである。返していないところで税金が使われるはずはない。

そのうえ、今回の経済対策では、政府が発行した国債はほとんど日銀が買い受ける。日銀が購入した国債は、実質的に利払い負担と償還負担はない。これは、統合政府のバランスシートで見れば、ネットの負債残高が増加しないということに対応している。

ＩＭＦ（国際通貨基金）という国際連合の専門機関がある。国際金融と為替の安定を目的としていて、危機となった国に融資もするし、各国の経済政策に意見を述べたりもする。

そのＩＭＦが面白いレポートをウェブサイトに公表している。２０１８年10月掲載の「Fiscal Monitor Reports Managing Public Wealth」というタイトルの財政モニターで、主要各国のバランスシートの比較がグラフで載っている。**日本の資産と負債のバランスは、アメリカやドイツ、フランスなどよりはるかに良い**ことがわかる。

公表当時、海外メディアはこのレポートにたいへん注目したが、日本のメディアはさっぱり取り上げていなかった。ＩＭＦのウェブサイトには日本語版もあるものの、その掲載は要旨だけだ。レポート自体も少々難解なところがあるが、何か気になる経済ニュースがあったときには、その出典、ソースをすぐに参照できるところがネットの長所でもある。

ニュース「記事」というのは、どうあれやはり加工品なのだ。元をあたることで、自分が持っている情報の質に差が出る。

2021年、「株価」と「為替」の見方

実質GDP、物価、失業率、株価、為替はすべてマクロ経済を構成している要素だが、それらがすべて因果関係で結ばれているというわけではない、ということは前章までにお話しした。株価や為替の動きは単なる市場の反応であり、因果関係にあるとはいえない。

株価が上がったからといって失業率が下がるわけではないし、物価が上がるわけではない。現実的には、株価や為替がまず動き、その後で実質GDPが上がり、失業率が下がり、名目賃金が上がり、物価が上がり、実質賃金が上がる、という流れになっていく時間的順序があるだけだ。

2020年の11月、日経平均株価が大幅に反発したことが話題になった。月次終値は2万6433円62銭で、1990年7月の3万1035円66銭以来、30年4カ月ぶりの高い水準だった、と各マスコミが報道した。

コロナ不況の真っ只中なのになぜ株価が上がったのだろうか。この答えは、「わか

らない」が正解である。わかるのであれば、世の投資家は苦労しない。

そもそも株価はどう決まっていくものだろうか。将来の見込みを先取りすることで決まっていく、ということができる。今起こっていることから将来を予測する。いってしまえば、夢を先取りして株価は決まっていく。だいたい半年先程度の将来を株式市場は見ている。

２０２０年の11月時点での将来の見込みとは何だったろうか。同月、アメリカの製薬会社２社、ファイザーとモデルナが90％を超える予防効果を確認したという臨床試験のデータを公表した。そこで、２０２０年内にワクチン投与が始まればコロナ禍も消えるのではないかと株式市場は予測する。

半年後くらいには多くの人がワクチンを使うことになり、新型コロナウイルスは大した問題ではなくなる。そう考えて、関連株を買っておけ、ということになる。

株式市場にとっては、先がわからない、ということが最もまずい。それが正しいか間違っているかにかかわらず、答えというものが明らかになることで株価は動く。安心ということがポイントなのだ。そして、日本の株価は、連れ高というがアメリカに連動して上下する。

日本の株価の動きは簡単な話で、アメリカの株価と為替によってだいたいが決まる。為替の変動がなければ、アメリカの株価のみの動きで決まるといってよい。為替については、今後、円高になる見込みもあるが、その場合には日本政府が日銀とタッグを組んで円高にならない政策を取る可能性が高い。

為替の変動は、たとえばドルと円との関係であれば、アメリカと日本の金融政策の差で決まる。アメリカが金融緩和すれば円高傾向となるが、その際には日本も金融緩和すれば為替は動かない。今の黒田東彦総裁の日銀の体制であれば、為替を動かなくする政策についてはは柔軟に対応するだろう。

つまり、日本の株価はアメリカの株価につられて上下するということができる。

日本経済は「コロナショック」を乗り越えられる!!

日本のGDPは、2020年4～6月期に大きく落ち込んだ。その額約60兆円。7～9月期に半分ほど取り戻したが、元に戻るのに30兆円ほど足りない。財務省を中心に「民間の力で取り戻せ」という声もあったが、それは無理な話だ。頑張りようがないだろう。そこで、同年12月に発表された第3次補正予算の財政支出が約30兆円である。GDPの下げ幅を公的なお金で埋めることになり、まずまずの数字とはそういう意味だ。

GDPは、各種の経済ショックで落ち込む。その際の経済政策で重要なのは、「供給ショック」なのか「需要ショック」なのかの見極めである。

つまり、総供給曲線がシフトしたのか総需要曲線がシフトしたかということなのだが、ほとんどの場合、総供給も総需要も共にシフトするからどちらのタイプであるかを判断するのは簡単ではない。

そこで、どちらのシフトがより大きいのかを見極めることになる。これによって経済対策もまったく異なってくる。

供給ショックの場合、財政出動や金融緩和を使うと、インフレが高まり、スタグフレーション（不況下のインフレ）になってしまう。総需要管理政策として増税や金融引き締めも必要になってくる。

一方、需要ショックの場合には、財政出動や金融緩和によって有効需要を増やす政策が効く。

今回の世界的なコロナショックでは、供給ショックと見る向きが一流経済学者の間でも少なくなかった。私は当初から財政政策と金融政策の同時発動を主張していた。コロナショックは、ロックダウンなどで旅行、飲食などの需要が蒸発する需要ショックであると見ていたからである。

マスクなどの個別価格の上昇があったために供給ショックだともいわれていたのだが、問題はミクロの個別物価ではなくマクロの一般物価の動きだ。その後の一般物価の動きをみると、今回のコロナショックが需要ショックであることは明らかである。

需要ショックで需給ギャップが拡大し、それとともに物価が下落している。これは失業率の増加へとつながっていく。

菅政権は、第3次補正予算でひとまずはこの状況に応えた。経済理論を理解したうえでマクロ経済を運営するその手腕は、合格点を与えていいものといえるだろう。まだまだ油断できないとはいうものの、コロナショックで傷んだ日本経済の復活準備は整いつつある。

ビジネスをはじめ、いろいろなことに果敢にチャレンジできる時代がいよいよ戻るということだ。「正しく読めば……」という条件つきだが、経済ニュースほど、そのチャンスを逃さないためのヒントが詰まっているものはないのである。

髙橋洋一

（たかはし・よういち）

1955年東京都生まれ。数量政策学者。嘉悦大学ビジネス創造学部教授、株式会社政策工房代表取締役会長。東京大学理学部数学科・経済学部経済学科卒業。博士（政策研究）。1980年に大蔵省（現・財務省）入省。大蔵省理財局資金企画室長、プリンストン大学客員研究員、内閣府参事官（経済財政諮問会議特命室）、内閣参事官（内閣総務官室）等を歴任。小泉内閣・第一次安倍内閣ではブレーンとして活躍し、数々の政策を提案・実現。2008年退官。2020年10月、内閣官房参与に任命される。
著書に『日本の「老後」の正体』（幻冬舎）、『増税の真実』（SBクリエイティブ）、『「消費増税」は嘘ばかり』（PHP研究所）『武器になる数学アタマのつくり方』（小社）など。

武器になる
経済ニュースの読み方

2021年1月28日　第1刷発行

著　者　　髙橋洋一
発行者　　鉄尾周一
発行所　　株式会社マガジンハウス
〒104-8003
東京都中央区銀座3-13-10
書籍編集部　☎03-3545-7030
受注センター　☎049-275-1811

印刷・製本所　株式会社リーブルテック
カバーデザイン　井上新八
本文デザイン　フロッグキングスタジオ
図表制作　hachiii（Table Magazines）
撮影　伊藤勝巳
取材協力　尾崎克之

ISBN978-4-8387-3140-4 C0033